Johanna Domek

Liturgisches ABC

BONIFATIUS /Kontur
Band 0185

Zum Buch:

Das liturgische Grundwissen hat sich – bis auf bei einigen spe-
ziell Interessierten – auch in den katholischen Gemeinden in
den vergangenen Jahren bemerkenswert verdünnt und ver-
flüchtigt. Nur wenige Christen finden Zugang zu den vielfältigen theologischen Werken und Arbeitsmaterialien. Das Anliegen dieser 72 kurzen Texte ist es, jeweils ein Stichwort aus dem
weiten Feld liturgischen Lebens – von „Altar" bis „Weihwasser" – aufzugreifen und zu verlebendigen. Drei Aspekte sind
dabei wichtig gewesen: 1. das Anknüpfen an noch vorhande-
nes Wissen, 2. die Erweiterung dieses Wissens unter besonderer Berücksichtigung der nachkonziliaren Entwicklung und
3. die Verbindung von Liturgie und personaler Frömmigkeit.
Zwei der Reihen des „ABC" wurden bereits in der Kölner und
in anderen Kirchenzeitungen veröffentlicht. Die starke Reso-
nanz war verbunden mit dem Wunsch, die Texte insgesamt in
Buchform zugänglich zu haben. In dem nun vorliegenden
Buch sind diese beiden Reihen um eine dritte erweitert. Eine
Einführung zur Liturgie und liturgischen Bildung ist vorangestellt, eine Liste mit weiterführender Literatur angefügt und
erläutert. Das für breitere Leserkreise verfaßte Buch will helfen, den Reichtum der Liturgie deutlicher wahrzunehmen,
besser zu verstehen und persönlich lebendiger mitzuerleben.

Zur Autorin:

Johanna Domek OSB, Jahrgang 1954, seit 1974 Benediktine-
rin vom Hlst. Sakrament in Köln-Raderberg, 1986-92 und ab
1996 Priorin dieser Gemeinschaft, Mitarbeiterin in verschiedenen christlichen Zeitschriften, einige Buchveröffentlichungen
zu spirituellen Themen.

Johanna Domek

Liturgisches ABC

BONIFATIUS
Druck · Buch · Verlag
PADERBORN

Imprimatur. Paderbornae, d. 27. m. Januaris 1998
Nr. A 58-21.00.2/485. Vicarius Generalis i. V. Dr. Schmitz

Die Deutsche Bibliothek – CIP-Einheitsaufnahme

Domek, Johanna:
Liturgisches ABC / Johanna Domek. – Paderborn :
Bonifatius, 1998
  (Bonifatius Kontur ; Bd. 0185)
  ISBN 3-89710-018-5

Titelfoto:
Müschede, Pfarrkirche St. Hubertus;
Foto: Ansgar Hoffmann, Bad Lippspringe

ISBN 3-89710-018-5

Gesamtherstellung:
Bonifatius GmbH Druck · Buch · Verlag Paderborn

Inhalt

Natürlich, in allem soll Gott verherrlicht werden, wie es im 1. Petrusbrief 4,11 heißt, in jedem Reden, in jedem Dienst. In allem soll Gott verherrlicht werden, wie es der hl. Benedikt im Kapitel von den Handwerkern in seiner Ordensregel schreibt. In allem, d. h. im Gehen und Stehen, Sitzen und Liegen, Reden und Schweigen, in der Arbeit wie in der Muße, im Planen wie im Träumen, in jedem Werk, in jedem Dienst, in jedem Tun und Lassen, ob wir allein sind oder im Miteinander. Alles Leben – und gewiß alles christliche und kirchliche Leben in all seinen Vollzügen – soll Gottes Liebe und Wirken verherrlichen, d. h. preisen und bezeugen.

„Dennoch ist die Liturgie der Höhepunkt, dem das Tun der Kirche zustrebt, und zugleich die Quelle, aus der all ihre Kraft strömt" (SC 10). So sagt es das 2. Vatikanische Konzil in seiner Konstitution über die heilige Liturgie, „Sacrosanctum Concilium". Und wenig später fährt es im gleichen Text fort: „Aus der Liturgie, besonders aus der Eucharistie, fließt uns wie aus einer Quelle die Gnade zu; in ihr verwirklicht sich in Christus in höchstem Maß die Heiligung der Menschen und die Verherrlichung Gottes, auf die alles Tun der Kirche hinzielt" (SC 10).

Das Wort „Liturgie" kommt aus dem Griechischen „leiturgia" und setzt sich zusammen aus „leitos", d. h. „das Volk betreffend", und „érgan", d. h. „Arbeit, Dienst". Gemeint ist damit sowohl ein Werk, ein Dienst am Volk, wie gleichzeitig auch ein Werk, ein Dienst des Volkes. Liturgie ist demnach ein öffentlicher Dienst, und seit dem 16. Jahrhundert ist im westlichen Christentum „Liturgie" als Name für den offiziellen, gesamtkirchlich geordneten Gottesdienst üblich geworden.

In ihrem Zentrum steht die Feier der Eucharistie, des Pascha-Mysteriums Jesu Christi (die in den Ostkirchen als „Liturgie" bezeichnet wird). Dann zählen zur Liturgie der ganze Kreis der Sakramente und weiterhin die Wortgottesdienste und die Feier des Gotteslobes im Stundengebet.

Wallfahrten, Prozessionen oder andere Andachtsformen, die sich im Laufe der Zeit und Kulturen entwickelt haben (wie die Kreuzwegandacht, um nur ein Beispiel zu nennen), sind nicht Liturgie im engeren Sinn. Sie zählen zu den sogenannten „pia exerzitia" oder „sacra exerzitia", den frommen oder heiligen Übungen. Es ist aber gut, daß es sie gibt, sie können dem christlichen Leben sehr helfen und guttun, das ja nicht nur als Quelle und Höhepunkt lebt, zu dem noch so vieles hinzukommen muß, wenn es praktisch lebendig gelebt werden soll.

Von ihrem innersten Wesen her ist die Liturgie dialogisch, sie kann gar nicht anders sein. Sie ist nicht an erster Stelle ein Tun des Menschen, sondern Gott handelt durch Christus im Heiligen Geist, er schenkt uns Erlösung, Heil und Leben in Gemeinschaft mit ihm. Auf dieses Werk und Geschenk hin antwortet der Mensch, die Gemeinde – und sie tut dies ebenfalls durch Christus im Heiligen Geist – vertrauensvoll und dankbar und mit Lobgesang. Unser Teil ist die Antwort, die Bejahung der Gemeinschaft, die Annahme des Geschenks. Diese Antwort bricht in der Tiefe des von Gottes Liebe berührten Herzens auf wie ein Lied.

Alle Liturgie ist immer „in Christus", in ihm wendet Gott sich uns lebendig zu, in ihm preisen wir den lebendigen, dreifaltigen Gott, empfangen wir Licht und Leben, das in der Antwort der Hingabe weit über den Raum der Liturgie hinausfließen will in alles Leben, das uns begegnet.

Zuinnerst verbunden mit der Erlösungstat Jesu Christi, enthält die Liturgie etwas Unwandelbares und immer Gleiches. Aber durch ihre Entwicklung in all der jahrhundertelangen Geschichte enthält sie auch viel Wandelbares. Wenn also der Dialog zwischen Gott und Menschen in der Liturgie wirksam bleiben soll, braucht es von Zeit zu Zeit den Wandel des Wandelbaren. So hat es in der Geschichte der Kirche immer wieder Reformen der Liturgie oder ihrer Teilbereiche gegeben.

Die Liturgiekonstitution ist als erstes Dokument des 2. Vatikanischen Konzils im Dezember 1963 mit 2 147 Ja-Stimmen bei nur vier Nein-Stimmen verabschiedet worden. Neben grundlegenden Äußerungen über Sinn und Wesen der Liturgie werden in ihr gesamtkirchliche Richtlinien aufgezeichnet zu ihrer Erneuerung, die mit großem Engagement in den folgenden Jahren und Jahrzehnten dann in den Teilkirchen umgesetzt wurden und werden.

Das Anliegen dabei war – wie das im übrigen auch für die anderen vom Konzil verabschiedeten Dokumente gilt – nicht nur die Anpassung der liturgischen Formen und Elemente an die Wirklichkeitserfahrung und die Sprache unserer Zeit, sondern auch, wie es beispielsweise die Einführung der Muttersprache in den Gottesdiensten deutlich zeigt, Möglichkeiten zu schaffen für ein besseres und vertieftes Verständnis der Heilswirklichkeit, die immer „heute" an uns geschehen will. Das Konzil wollte keineswegs nur die Liturgie erneuern, sondern durch den neu zugänglichen Reichtum der erneuerten Liturgie den Menschen, dessen Glaubens- und Lebensgestalt von ihr geprägt sein sollten.

In einem benediktinischen Kloster wie dem in Köln-Raderberg, zu dem ich gehöre, ist die Liturgie ein sehr intensiv prägender Wesenszug. Die tägliche Feier der

Eucharistie und die sechs Zeiten des gemeinsamen Stundengebetes von Laudes, Terz, Mittagshore, Vesper, Komplet und Vigil, die sich vom Morgen bis zum Abend über täglich etwa vier Stunden erstrecken, geben dem Tagesablauf seinen Rhythmus, und das Kirchenjahr gibt ihm je nach seiner Zeit Klang und Farbe. In unserem Kloster ist das schon seit über 100 Jahren so, obwohl es ein vergleichsweise junges Kloster ist. Alle Tage ist die Liturgie Quelle und Höhepunkt, Hauptsache und Maßgabe des gemeinsamen Lebens mit all dem vielen an Licht und Schatten, grauem Einerlei und bunter Farbigkeit, Höhen, Tiefen und Alltäglichkeiten, mit all dem Möglichen und Unmöglichen, das auch zu unserem wie zu jedem Leben und Reifen eben mit dazugehört. Wer sich wach und lebendig auf diesen Rhythmus einläßt, wächst fast wie von selbst in einer stillen Allmählichkeit in die herbe Schönheit, den Reichtum der Liturgie im Gang eines jeden Tages und Jahres hinein. Da wird der Mensch vertraut mit Worten und Gebärden, Raum und Klang und all den Dingen, die zur Liturgie gehören. Jede bei uns im Kloster, obwohl so verschieden in Art und Alter und Temperament, würde zustimmen: Liturgie ist die Quelle und die Höhe christlichen Lebens.

Nun ist aber dieses schon mehrfach zitierte Wort des Konzils weder als bloß grundsätzliche Wahrheit noch in bezug auf klösterliche Lebensformen gesagt, es ist allen Christen gesagt. Überall soll diese Quelle lebendig fließen können und der Höhepunkt seinen lebendigen Raum haben, in allen Städten und Gemeinden, wo überhaupt Christen sind.

Viele Kreise gibt es ja, die sich die vom Konzil ermöglichte Erneuerung anzueignen und sie mitzugestalten suchen. Aber nach meiner Erfahrung sind trotz alldem das liturgische Grundwissen, die innere Vertrautheit mit dem Reichtum und den Formen der Liturgie weithin dünn geworden. Das mag viele Gründe haben, einige davon sehe ich. Aber es gibt keinen Grund, nicht zu versuchen, dieses Wissen wieder zu vertiefen und zu verlebendigen. Mag sein, daß, indem sich das Augenmerk auf die Veränderung und die nach dem Konzil neuen Möglichkeiten richtete, anderes, Stilleres, Unscheinbareres, das wichtig dazugehört, aus dem Blickfeld geriet und bei der heutigen Schnelligkeit, mit der sich das Leben ganz allgemein tut, irgendwann vergessen und liegengelassen wurde und gar nicht mehr mitwuchs in den persönlichen Entwicklungen. Dabei meine ich jetzt nicht die Theologie, nicht örtliche, diözesane oder landesweite Liturgiekommissionen, die z. T. intensive Arbeit leisteten, sondern ich meine die Christen irgendwo vor Ort …

Sind nicht oft die Fähigkeit zu Stille, Sammlung, Gebet, Innerlichkeit und die Bereitschaft, auch die Anstrengungen des geistlichen christlichen Lebens anzunehmen, – was alles nötige Voraussetzungen jeder lebendigen Liturgiefeier sind – schwächer geworden?

Auch wenn die Texte der Liturgie heute meist in der Muttersprache gelesen, gesungen oder gesprochen werden, ist doch ihr Verständnis, die Erfahrung ihres Reichtums, ihrer Tiefe, nur möglich, wenn wir das innere ABC dieser Sprache gelernt haben und uns frei und ohne Mühe darin ausdrücken können. Ohne Kenntnis dieses ABC und ohne die Fähigkeit, es zu lesen, bleibt der schönste Gottesdienst unverständlich wie ein in einer Fremdsprache geschriebener Liebesbrief.

Liturgische Bildung ist nötig, sie war immer nötig. Das war genauso in der Blütezeit der liturgischen Bewegung, die in den ersten Jahrzehnten unseres Jahrhunderts hierzulande so viele Menschen begeisterte und ergriff und die wirklich viel in Kirche und Liturgie bewegte, das ist auch bis heute so geblieben. Jeder Generation und jedem Lebensalter stellen sich da Aufgaben.

Das wurde auch im „Pastoralgespräch im Erzbistum Köln", das in Gemeinden und im Erzbistum insgesamt von 1993 bis 1996 stattfand, so gesehen. Das dritte der Schlußvoten des Pastoralgesprächs gilt der Liturgie, und mehrere Punkte davon nennen die Notwendigkeit der liturgischen Bildung. So weit, so gut.

Aber bei Punkt 12 dieses Votums dachte ich, da ist viel zu wenig gesagt. Hier zunächst der Text:

„Sprache, Zeichen, Symbolhandlung

Die Schlußversammlung wünscht von allen Gläubigen, sich immer wieder neu zu öffnen für die Liturgie als kommunikatives Ereignis zwischen Gott und Mensch, von Mensch zu Mensch und zwischen Liturgen und Gemeinde. Das Gelingen dieser Kommunikation ist an bestimmte Bedingungen geknüpft. Sprache, Zeichen und Symbolhandlungen ermöglichen diese Kommunikation. Sie müssen die Würde des Gottesdienstes zum Ausdruck bringen und zugleich das Empfinden und Lebensgefühl des heutigen Menschen berücksichtigen.

Die Schlußversammlung bittet alle Liturgen, sich um eine solche menschennahe und verständliche Sprache zu bemühen. Dies gilt in besonderer Weise für diejenigen, die mit Kindern und Jugendlichen Gottesdienst feiern.

Alle Liturgen sind aufgefordert, den Reichtum und Gehalt der Zeichen und Symbolhandlungen den Gottesdienstteilnehmern und -teilnehmerinnen zu erschließen. Für Kinder und Jugendliche sollen mit großer Offenheit neue Formen der Verkündigung und Feier entdeckt werden.

Die Schlußversammlung bittet den Erzbischof sicherzustellen, daß in der Priesterausbildung die künftigen Liturgen angeleitet, befähigt und ermutigt werden, vorgegebene liturgische Texte der jeweiligen Gottesdienstsituation anzupassen. Dies soll auch bei der Priesterfortbildung berücksichtigt werden.

Die Liturgie-Kommission wird gebeten, katechetischpädagogische Handreichungen, Modelle usw. zur Verfügung zu stellen, die die Vielfalt liturgischer Formen und Elemente zum Ausdruck bringen. Dabei ist auf einen Raum der Stille in jedem Gottesdienst Wert zu legen."

Natürlich ist das Gesagte auch richtig, aber es ist doch eben nicht genug, und manches scheint mir fragwürdig. Vom normalen Gemeindechristen und dem, was er bemüht sein sollte sich anzueignen, wird nichts gesagt. Und ich denke, es wäre wohl wichtig genug, dazu etwas zu sagen. Denn zu gelungener Kommunikation gehört es doch, daß alle Teilnehmenden sich gut für den Reichtum und die Formen des Geschehens bereiten und je neu öffnen und mit wachen Sinnen und einfühlsamem, gebildetem Herzen dem Heil und Heiligen in der liturgischen Gemeinschaft begegnen. Da wäre es hilfreich, den Blick einmal mehr den einfachen Dingen, sagen wir dem ABC der Liturgie, zuzuwenden, um sie besser verstehen und mitvollziehen zu können.

Dann las ich in Punkt 11 des gleichen Textes, daß darauf hinzuwirken sei, „daß die Kirchenzeitung sich intensiv und qualifiziert der liturgischen Bildung" annehme. Da kam mir der Gedanke, ein liturgisches ABC für diesen Leserkreis zu schreiben, in dem zu jeweils einem Buchstaben des Alphabets in einem kurzen, lesbaren Text etwas ausgesagt werden sollte, das erstens an das bei vielen vorhandene Wissen oder Restwissen anknüpft und dies wieder aufweckt, das zweitens dieses Wissen ergänzt und erweitert und das drittens einen Bezug zur persönlichen Frömmigkeit, zum persönlichen Vollzug ermöglicht und auf diese Weise hilft, die Feier der Liturgie vom einzelnen her zu verlebendigen.

Die Kölner Kirchenzeitung griff den Gedanken auf und brachte 1996 und 1997 je eine Reihe „Liturgisches ABC", andere Bistumszeitungen folgten. Das Echo auf diese kurzen Texte war lebendig und gut, offensichtlich wurden sie wirklich von vielen gelesen. Oft wurde die Frage gestellt, ob diese Reihe nicht insgesamt zu erhalten sei. So freut es mich, daß dies im vorliegenden Buch vom Bonifatius-Verlag möglich gemacht wird.

Die Texte sind für Menschen in den Gemeinden geschrieben, die nur selten zu den liturgischen Veröffentlichungen und Büchern, die es ja zahlreich gibt, greifen oder Zugang haben. In der vorliegenden Kürze bleibt natürlich manches ungesagt, dem nachzugehen sich wohl lohnte. Und durch die gewählte ABC-Reihe konnte auch nur eine begrenzte Anzahl von Stichworten überhaupt aufgegriffen werden. Dennoch, glaube ich, hat das Ganze seinen guten Sinn.

Für die LeserInnen, die sich in das eine oder andere Stichwort weiter vertiefen wollen, ist, anschließend an das ABC, eine – natürlich wieder unvollständige – Liste liturgischer Bücher, Nachschlagewerke und Zeitschriften mit jeweils kurzen Erklärungen zu ihrem Inhalt aufgeführt, die m. E. weiterhelfen können. Die den Texten zur Seite gestellten Fotos sind Aufnahmen aus dem Kloster der Benediktinerinnen in Köln-Raderberg. Um die Fotos zum Stichwort zu plazieren, wurde hier und da auf ganz strenge alphabetische Ordnung verzichtet.

Die Feier der Liturgie ist Quelle und Höhepunkt christlich-kirchlichen Lebens. Tun wir das Unsere, um sie wirklich feiern zu können.

A Altar
Alleluja
Amen

Der Altar in unseren Kirchen ist mehr als die heilige Opferstätte oder der Opferstein, den viele Religionen aller Kulturen und Zeiten kennen, den man umschritt, berührte und küßte, um Anteil zu gewinnen an der heiligen Nähe der Gotteskraft.

Er ist auch mehr als der Tisch des Mahles der Jüngergemeinde Jesu. Seit dem 4. Jahrhundert etwa war das ein steinerner Tisch (erst ab dem frühen Mittelalter entwikkelte sich die Form des Altars an der Rückwand des Ostchores der Kirchen), ein Tisch, für den wir nach dem II. Vaticanum wieder einen guten, neuen Sinn bekommen haben. Beides ist der Altar wohl und mit tiefem Sinn.

In der kirchlichen Tradition ist der Altar aber auch ein Symbol für Christus selbst, den Felsen (1 Kor 10,4), den Eckstein (1 Petr 2,7f.), den Schlußstein (Eph 2,20). Darum küßt der Priester zu Beginn und am Ende der Eucharistiefeier den Altar, darum verneigen sich die Meßdiener in den Gottesdiensten – und die Gläubigen überhaupt – vor ihm, wenn sie an ihm vorübergehen.

Alleluja

Zu den kostbarsten Worten, die das Beten der Kirche seit ihrer Kindheit begleiten, gehört das „Alleluja", das ähnlich dem „Amen" unübersetzt aus dem Hebräischen, unseren jüdischen Wurzeln, weitergetragen wurde bis zu uns. Übersetzt heißt es etwa: „Lobet den Herrn!" „Alleluja" aber ist gar kein Satz, sondern ein Ruf, ein Osterruf, der über jeden Satz hinausgeht und sich eigentlich gar nicht sagen und in wohlgesetzte Worte fügen, sondern nur singen läßt. In den alten Weisen des Chorals wird das Alleluja oft in langen Melodiebögen ausgesungen, das paßt zu dem, was es meint.

Das „Alleluja" ist das österliche Echo, das unsere Stimmen aufnehmen. In der österlichen Bußzeit verstummt das Alleluja in den Kirchen, bis Ostern wird. Dann bricht es wieder auf aus dem Dunkel von Leid und Tod mit der Auferstehung Jesu und begleitet uns durchs Jahr und in jeder Eucharistiefeier. Dort hat es seinen Ort vor der Lesung des Evangelientextes. Wenn wir da doch tiefer hineinwachsen würden, das Evangelium mit dem Gesang des „Alleluja" in Herz und Stimme zu empfangen.

Neunmal, sonntags elfmal sagen wir in jeder Eucharistiefeier gemeinsam „Amen", und einmal sagen wir es allein. „Amen", antwortet jede/r, bevor er oder sie Jesus Christus im eucharistischen Brot empfängt. „Amen" ist immer eine Antwort. Was aber sagen wir da?

„Amen" ist ein hebräisches Wort, eine Formel der Bestätigung, die soviel heißt wie: Es steht fest, sicher, ist zuverlässig, ist unbedingt wahr. Im Alten Testament meint „Amen" auch eine Form des Lobpreises (Ps 106,48), das „Ja" ist dann voll Freude über Gott und seine Verheißungen. Im Mund Jesu ist es auch ein Ausdruck der unbedingten Wahrheit: „Amen, amen, ich sage euch ..." (z. B. Joh 13,16.20).

In der Liturgie wurde „Amen" die wichtigste Akklamation, es meint nun den bestätigenden Zuruf der Gemeinde. Der Kirchenvater Hieronymus schreibt, daß das „Amen" in einer römischen Basilika zu seiner Zeit „gedonnert" habe. Auch wenn's davon nicht donnern muß, deutlich sollte es sein, unser „Amen", gefüllt, wenn wir es am Ende der Gebete sagen. Denn wir wissen um das Heil in Jesus Christus, der nach Offb 3,14 selbst das große „Amen" ist.

Paulus schreibt, daß ein Unkundiger, der vielleicht der Liturgie beiwohnt, nicht „Amen" sagen soll (1 Kor 14,16). Aber wir wissen doch um das Heil, sagen wir also dankbar und deutlich „Amen".

B

Bitten
Bußakt in der Messe
Bittprozession

Weil wir Gutes erfahren haben, erwarten wir Gutes. Weil wir wissen von Heil und Erlösung, erwarten, ersehnen und erbitten wir sie und alle dem Leben nötige Heilung. Wir bitten, wenn wir um unsere Bedürftigkeit wissen, Menschen und Gott. Bitten ist Ausdruck einer Beziehung, einer Zuwendung, eines existentiellen Dialogs. Soweit wie diese sind, reicht auch die Bitte. Ohne das bleibt es bloße Form. Man kann einem nur wirklich ans Herz legen, was dem eigenen Herzen nahe ist.

Es genügt nicht, daß wir uns in der Liturgie um adäquate Formulierungen bemühen – gewiß ist es richtig und wichtig, auch das zu tun und Ausdrücke zu finden, in denen sich viele Menschen vor Gott finden können –, aber mehr noch muß der innere Mensch recht zu bitten lernen und im Bitten reifen. Die Liturgie ist reich an Ausdrücken – nicht nur der Wortsprache – des Dankes und Bittens für den einzelnen, die Kirche und die ganze Welt. Noch keiner hat das ausgeschöpft. Wachsen wir also tiefer hinein, damit unser Bitten die ihm vor Gott und von Gott angemessene Größe, Weite und Tiefe findet in aller Heilsbedürftigkeit.

Bußakt der Messe

Nach der Begrüßung lädt der Priester in der Eucharistiefeier die Mitfeiernden zu einem Akt der Umkehr und Buße ein. Darin begegnet uns ältestes Traditionsgut der Kirche. Schon in der „Didache", um das Jahr 100 geschrieben, ist das zu lesen:

„Am Herrentag versammelt euch, brecht das Brot und sagt Dank, nachdem ihr zuvor eure Sünden bekannt habt, damit euer Opfer rein sei" (14,1). Der gemeinsame Bußakt ist ein Geschenk des letzten Konzils an die Gemeinden, das jahrhundertelang in Vergessenheit geraten war. Es gab wohl das „Stufengebet", auch das „Confiteor" im Ritus der früheren tridentinischen Messe, doch diese wurden allein vom Priester und den Ministranten gebetet, die anderen Gläubigen sangen zu diesem Zeitpunkt (außer in den sog. „stillen Messen") den Introitus, das Eingangslied. Papst Paul VI. schrieb 1969, daß im bislang üblichen Meßritus „der Ritus der Versöhnung mit Gott und den Brüdern durch die Ungunst der Zeit verlorengegangen" war. Aber die Bekehrung, d. h. immer auch die Bekehrung zur Gemeinschaft, ist eine **der** Grundbewegungen des Christentums. So begann Jesus seine Predigt: „Kehrt um, und glaubt an das Evangelium" (Mk 1,15). Alle Zeit, alle Tage steht das an, dürfen wir das tun.

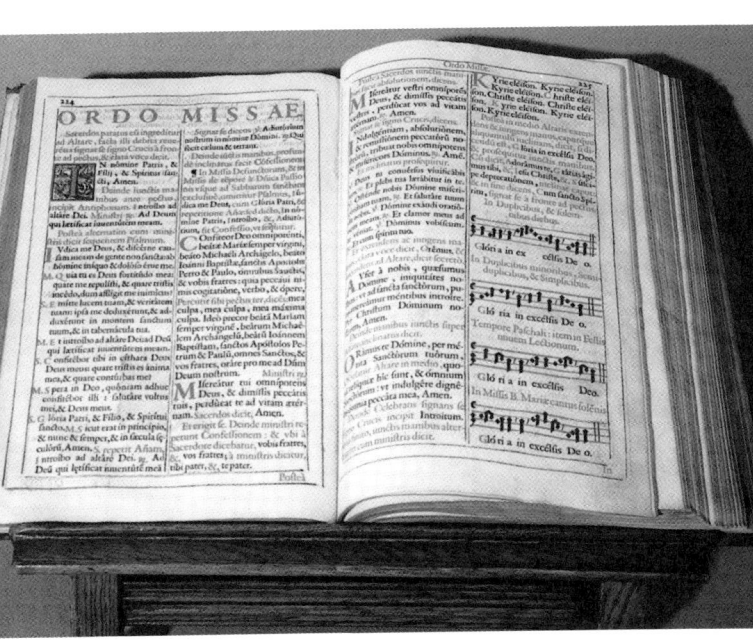

In vielen Gegenden findet an einem der drei Tage vor Christi Himmelfahrt eine Bittprozession durch Felder oder Ortschaften statt. Das ist ganz altes Brauchtum. In Rom fand eine solche am 25. 4. wohl schon im 4. Jahrhundert statt, löste dort eine ältere heidnische Flurprozession ab und verchristlichte sie. Diese ist in der nachkonziliaren Neuordnung des Kirchenjahres weggefallen. Geblieben ist die Möglichkeit der Bittprozession vor Christi Himmelfahrt, die ihren Ursprung in Gallien hat, wo im Jahr 469 Bischof Mamertus von Lyon wegen besonderer Nöte und Naturkatastrophen mit Fasten verbundene Bußprozessionen einführte, die Anfang des 6. Jahrhunderts bereits für ganz Gallien vorgeschrieben waren und um das Jahr 800 (ohne Fasten) auch in Rom übernommen wurden.

Dabei liegt es heute nahe, den ursprünglichen Sinn der Flur- und Bittprozessionen ganz weit zu sehen und die vielfältigen Bereiche und Gefährdungen heutigen Lebens auf dieser Erde, in der uns anvertrauten Schöpfung, miteinzubeziehen. Wir brauchen so sehr den guten Segen Gottes. Wir haben es so nötig, daß wir uns gemeinsam auf den Weg machen. Als Christen tun wir dies bestenfalls betend. Unser Leben braucht auch den sinnfälligen, leibhaftigen Ausdruck. Ein solcher Ausdruck könnte eine innerlich neu angenommene Bittprozession in hervorragender Weise sein und werden.

C

Choral
Christkönigfest
Credo

Wenn auch heute in den Gemeindegottesdiensten weitgehend neuere und muttersprachliche Lieder gesungen werden, bleibt der Choral doch Mutterboden und Quelle der abendländischen Kirchenmusik und nicht nur wegen seiner langen, alle verbindenden Tradition der Pflege wert. Am häufigsten wird er heute noch in den Klöstern benediktinischer Prägung gesungen.

Nach jahrhundertelanger mündlicher Weitergabe begann im 9./10. Jahrhundert die schriftliche Überlieferung der Choralgesänge. Dabei gibt es mehrere verschiedene Traditionen. Am ehesten bekannt ist heute der römische oder gregorianische Choral, so genannt nach Papst Gregor dem Großen, der im 6. Jahrhundert die Musik der römischen Kirche geordnet hat.

Choral, das ist ein einstimmiger Gesang, üblicherweise ohne Instrumentalbegleitung, in einer der sog. acht Kirchentonarten und im freien Rhythmus gesungen. Für den heutigen Gebrauch wurden im deutschen Stundengebet Neukompositionen nach den alten Baugesetzen der Gregorianik geschaffen.

Der Choral ist ein Gesang für stille Räume und fürs Gebet. Viel an ihm ist wunderbar ... Und es ist erstaunlich, wie diese einstimmigen Melodien durch all die Jahrhunderte in die Stille ziehen und die Beter anrühren. Keine Weise des Gesangs sonst hat sich so lange lebendig gehalten und ist mehr gesungen worden als diese.

mus, sine fi ne dicéntes.

¶ Sequens Præfatio cum suo cantu dicitur à Vigiliâ Pentecostes, vsque ad sequens Sabbatum inclusiuè.

P Er ómnia sæcula sæculó-

rum. ℞ Amen. ℣. Dóminus

vobíscum. ℞ Et cum spíritu

tuo. ℣. Sursum corda.

℞. Ha bê mus ad Dóminum.

℣. Grá ti as agâmus Dómino

Deo no stro. ℞. Dignum &

iustum est. Verè dignû &

iustum est, æ quû & salu tâ-

re, nos ti bi semper, & vbîque

grátias ágere: Dómine san-

cte, Pater omnípotens, ætér-

ne Deus: per Christum Dó-

minum nostrum. Qui ascén-

dens super omnes cælos, se-

dénsq; ad déxteram tuam, pro-

missum

29

Auch die viel älteren Herrenfeste Epiphanie (6. 1.), Ostern und Christi Himmelfahrt zeigen uns Christus in seiner Herrlichkeit als erlösenden Weltherrscher (Pantokrator) und König. Was fügt dem das so junge Hochfest „Christkönig" hinzu, das 1926 erst eingeführt wurde und nach der Liturgiereform des II. Vaticanum am letzten Sonntag des Kirchenjahres gefeiert wird?

Als Echo auf das hl. Jahr 1925, in dem sich in Rom in zuvor noch nie dagewesenem Maß Christen aller Nationen trafen, führte Papst Pius XI. 1926 das Fest ein, um nach den Zerstörungen des 1. Weltkrieges in den Christen den Gedanken der Gemeinschaft aller Völker unter Christus, dem König, lebendig zu halten. – Hierzulande – besonders in der NS-Zeit – wurde es zum Tag der Jugend.

Neben den biblischen Bildern (Palmsonntag, Christus vor Pilatus) führt die Liturgie des Tages uns auch Endzeitliches (Eschatologisches) vor Augen.

Theodor Schnitzler schreibt, dies Fest habe für Pius XI. einen starken sozialen und staatspolitischen Akzent gehabt, derart, daß die Völker nur zum inneren Frieden und zum Frieden untereinander finden können, wenn sie sich auf die Christuswirklichkeit einlassen und konkret von daher leben. Der Blick auf unsere heutige Weltsituation läßt das Fest für die Christen in aller Welt von brennender Aktualität sein.

„Credo" heißt zu deutsch „icn glaube" und ist das An-
fangswort des Apostolischen Glaubensbekenntnisses
und ebenso des in der lateinischen Messe gesungenen
sog. „Nizäno-Konstantinopolitanischen" Glaubensbekenntnisses. Den ursprünglichen Ort hat das liturgische
Glaubensbekenntnis in der Taufliturgie und in der Erneuerung des Taufversprechens in der Osternacht – hier
in der Form von Frage und Antwort. Es ist das Zeugnis
eines personalen Glaubens in der großen, lebendigen
Tradition der Kirche.

In die Meßfeier kam das Glaubensbekenntnis zuerst
– im 5./6. Jahrhundert – in der östlichen Christenheit. In
den westlichen Ritus wurde es im Jahr 1014 eingeführt
(an Sonn- und Feiertagen) nach dem Evangelium oder
der Predigt. Oft wird heute anstelle des alten Credo ein
neues Lied gesungen. Beides ist wichtig: das Bekenntnis
in der Form der altgewachsenen Tradition und das je
neue Lied und Zeugnis.

Glauben kann heißen: annehmen, meinen, vermuten.
Glauben heißt aber auch: von einer Wahrheit überzeugt
sein, ihrer zuinnerst gewiß sein, auf sie zu vertrauen, aus
ihr zu leben, sie im Leben zu bezeugen. „Credo" kommt
auch von „cor dare", d. h. zu deutsch: das Herz an etwas
geben.

D

Dankbarkeit
Devotionalien
Doxologie

Hat Dankbarkeit denn mit Liturgie zu tun? Ich meine: sehr.

Dankbarkeit meint allgemein ein Gefühl, Zeichen, einen Ausdruck der Anerkennung für ein empfangenes Gut, für eine erwiesene Wohltat, für ein Geschenk. Sie ist immer Antwort und auch eine Grundhaltung dem Leben gegenüber mit allem Möglichen, was noch dazugehört. Ohne Dankbarkeit kann Menschsein nicht gelingen und reifen, Christsein auch nicht. Ohne die stille, bejahende Grundhaltung der Dankbarkeit käme keine lebendige Liturgie zustande, kann man keinen Gottesdienst feiern. Sie ist seine Seele, so wie die Eucharistiefeier – die Feier der Danksagung – nach katholischem Verstehen Herzmitte unseres Lebens ist. Es ist zuwenig, nur zur Eucharistiefeier „zu gehen", Christus will alle in die Danksagung an den Vater hineinnehmen, der uns seine Liebe schenkt und unser Lieben täglich möglich macht, wenn wir uns dafür auftun. Wer wirklich Eucharistie mitfeiert, wächst langsam vielleicht, aber notwendig und notwendend in die Dankbarkeit hinein.

Ohne Devotion (lat.), d. h. Andacht und Frömmigkeit, können wir nicht Gottesdienst feiern. Aber die sogenannten „Devotionalien" gehören nicht im strengen Sinn zur Liturgie, sondern in den Bereich der Volks- und Privatfrömmigkeit. Zu ihnen zählen beispielsweise Kreuze, Rosenkranz, Statuen, Medaillen u. a. m.

Schon in der Antike waren Devotionalien (meist Götterfigürchen) an den Kultstätten üblich. Das frühe Christentum lehnte sie ab. An ihrer Stelle begann aber ab dem 2. Jahrhundert der Brauch der Verehrung von Reliquien und Gegenständen, die man mit diesen in Berührung gebracht hatte. Seit dem 4. Jahrhundert verbreiteten sich die Nachbildungen des Kreuzes. Mit zunehmender Bilderverehrung nahm auch die Bedeutung von Devotionalien einen starken Aufschwung, besonders seit der Spätgotik und an Wallfahrtsorten, wo ihr Verkauf bis heute in großem Stil üblich ist. Das Benediktionale (Buch der Segensgebete) von 1978 enthält zahlreiche Segnungen solcher religiösen Zeichen, die – wie die Christophorusplakette im Auto – mitten in den Dingen dieser Welt auf die religiöse Dimension aufmerksam machen, die immer mitgegeben ist.

Devotionalien sind keine Fetische oder Amulette, sondern nonverbale, gesegnete Beziehungspunkte, Kommunikationspunkte, schlichte Konkretisierungen des Glaubens, die – von der Kirche gesegnet – uns sinnfällig im Vertrauen und der Frömmigkeit stärken können.

„… durch Jesus Christus, deinen Sohn, unsern Herrn und Gott, der in der Einheit des Heiligen Geistes mit dir lebt und herrscht in Ewigkeit." So oder in der kleinen Formel „durch Christus unsern Herrn" schließen die Gebete (Orationen) in der Liturgie. Alles Beten und Bitten ist Beten in Christus, durch ihn ist uns der Zugang zu Gott eröffnet. Alles Beten endet im Lobpreis seiner Herrlichkeit, der Doxologie (vom griechischen „doxa"). Mit der älteren Form der Doxologie schließt in der Messe das Hochgebet: „Durch ihn und mit ihm und in ihm ist dir, Gott, allmächtiger Vater, in der Einheit des Heiligen Geistes alle Herrlichkeit und Ehre jetzt und in Ewigkeit." Auch das „Gloria" der Messe ist eine einzige große Doxologie.

Doxologie sind im Stundengebet der Kirche die Schlußstrophen der Hymnen. Und auch das „Ehre sei dem Vater …", das im Stundengebet am Ende jeden Psalms gesungen oder gebetet wird oder mit dem beim Rosenkranzgebet jedes Gesätz schließt, ist Doxologie.

Auch unser privates Beten sollte immer in den Lobpreis münden. Vor Jahren fragte ich nach einem stillen, langen Gebetstag eine alte Schwester in unserem Kloster einmal, ob sie denn gut habe beten können. „Ach", antwortete sie, „ ich bin über das ‚Ehre sei dem Vater und dem Sohn und dem Heiligen Geist' gar nicht hinausgekommen."

E

Ehrfurcht
Evangelium
Exsultet

Jedes Leben ist von Grundhaltungen geprägt, die weit vor allem Handeln und jeder Aktion im Unscheinbaren wurzeln und alles Tun und Lassen kennzeichnen. Eine heißt: Ehrfurcht. Sie ist eine Ergriffenheit und eine Wahrnehmung, die das Große, das Geheimnis des Lebens spürt und anerkennt, ein menschliches Echo auf das Lebendige und das Heilige, das uns begegnet und herausfordert. Keine Kultur, keine Religion kann ohne sie gut sein, auch kein Gottesdienst. Dabei ist Ehrfurcht, wo immer sie wirklich ist, nie etwas Künstliches, Steifes oder Starres, sie ist das Natürliche.

Das Wesen der Ehrfurcht bleibt immer eines, die Formen sind viele und können und werden sich ändern.

Sang und betete man früher ehrfürchtig lateinisch, so nehmen wir heute ehrfürchtig und dankbar an, daß Gott zu uns in der Muttersprache sprechen will und wir ihm darin antworten dürfen. – Ein anderes Beispiel ist die Ehrfurcht vor den sakralen Geräten, die bleibend wichtig ist. Dazu gehört aber, wie Benedikt von Nursia im 6. Jahrhundert schon seine Mönche anweist, daß wir mit allem Leben und allen Dingen genauso ehrfürchtig umgehen wie mit heiligem Altargerät.

Ehrfurcht tut dem ganzen Leben und Beten gut; pflegen wir sie in der Liturgie wie im Alltag, dann wird alles ein immer besserer Gottesdienst.

Das Evangelium Jesu Christi, die „Botschaft, die froh macht", ist uns im Neuen Testament in vier Evangelien überliefert: dem des Markus (verfaßt um das Jahr 70), dem des Matthäus (um 80), dem des Lukas (um 80) und dem des Johannes (um 100). Seit Mitte des 2. Jahrhunderts wurden diese vier Texte „Evangelium" genannt. Frühere Versuche, die Jesusüberlieferung niederzuschreiben, die es zweifellos gab, sind verlorengegangen. Die Evangelien sind Glaubenszeugnisse von Jesu Leiden, Sterben und Auferstehen, von seinem Leben und Wirken und seiner Verkündigung. Unter den Texten des Neuen Testaments nehmen sie eine besondere Stellung ein.

In der Eucharistiefeier, in der man nach dem Konzil von zwei Tischen spricht: dem „Tisch des Brotes" und dem „Tisch des Wortes", stellt die Lesung eines Evangelienabschnittes den Höhepunkt am Tisch des Wortes dar. Alle Gläubigen stehen auf, wenn der Priester oder Diakon ihn vorlesen. So drücken sie zum einen ihre Ehrfurcht aus, zum andern will diese Geste und Haltung Zeichen der Bereitschaft sein, dem gehörten Wort Jesu auch zu folgen, wie es in Jak 1,22 heißt: „Seid aber Täter des Wortes und nicht nur Hörer." Darum zogen im Mittelalter die Ritter bei der Lesung des Evangeliums ihr Schwert aus der Scheide …

Nach der Segnung des Osterfeuers, der Bereitung der Osterkerze und der Prozession in den Kirchenraum wird zum Ende ihres ersten Teils, der Lichtfeier, in der Osternacht vom Priester, Diakon oder Kantor in der nur vom brennenden Licht der Osterkerzen erhellten Kirche das „Exsultet" gesungen.

„Exsultet" heißt „frohlocken", und es ist ein Staunen und Frohlocken über Gottes Heilstat an und Heilsweg mit den Menschen. Die heutige Fassung stammt vermutlich aus dem 7. Jahrhundert, viel ältere Elemente, die ins 4. Jahrhundert zurückreichen, sind darin enthalten. Auch Motive der jüdischen Pesachliturgie und der abendlichen altchristlichen Anzündung und Begrüßung des Lichtes (Lucernar), das Christus ist, klingen mit.

Dem Aufruf zu Lobpreis und Freude folgt die Bitte des Sängers um das Gebet für sich, damit er würdig singe, daran – in Form einer Präfation – schließt sich der Jubel an über das göttliche Heilswerk, von Adam ausgehend über den Exodus Israels aus Ägypten bis hin zur Errettung durch Christus, der die Nacht des Todes, der Welt und der Sündenverlorenheit aus Liebe durchschritten hat und dessen Bild in der Osterkerze leuchtet. Unfaßbares wird besungen, Erlösung wird deutlich, alles ist großes Staunen, dankbarer Jubel.

F

Friedensgruß
Fronleichnamsprozession
Fußwaschung

Vor der Kommunion, nachdem wir miteinander das Gebet des Herrn, das Vaterunser gebetet haben, lädt der Priester die an der Messe Teilnehmenden ein zum Friedensgruß. Im Vaterunser haben wir auch um Verzeihung gebeten und selbst verziehen, nun bitten wir Christus für uns und seine Kirche um den tiefen Frieden, den nur er schenken kann. Dann werden wir eingeladen, diesen Frieden auch einander zu wünschen und weiterzugeben.

Papst Gregor der Große stellte im 6. Jahrhundert in der römischen Liturgie den Friedensgruß unmittelbar vor die Kommunion als Vorbereitung auf sie. In der Karolingerzeit begann man, diesen Gruß vom Altar und Priester aus weiterzugeben. Ursprünglich umarmte dabei jeder den Nebenstehenden. Im Mittelalter ging dieser gute Brauch verloren. Aber das neue Meßbuch von 1970 hat ihn wieder aufgenommen.

Die Form des Friedensgrußes ist unterschiedlich und kann kulturell ganz verschieden aussehen. Aber wir sollten diese Geste, sie ist ein Geschenk, sehr wichtig nehmen – auch als Herausforderung – und immer wieder ganz leibhaftig üben, den Frieden Christi zu empfangen und weiterzuschenken.

Zur ersten Fronleichnamsprozession zog man in Köln zwischen 1274 und 1279 von der Kirche St. Gereon aus, 30 Jahre nach Einführung des Festes in Lüttich, zehn Jahre nach Einführung des Festes für die ganze Kirche.

Prozessionen, das gemeinsame Hingehen zu einem Gottesdienst, sind uraltes Kultbrauchtum, auch schon in der frühen Kirche gab es sie. Heute gibt es z. B. noch die Palmprozession und Bittprozessionen. In der Fronleichnamsprozession wird Jesus in der eucharistischen Brotsgestalt feierlich von der Gemeinde durch die Straßen, durch den Ort ihres Lebens, getragen und geleitet. Seine Gegenwart, die immer Segen ist, soll über uns kommen, während wir ihn preisen. Hier ist die eucharistische Frömmigkeit eine Frömmigkeit des Schauens geworden. Wir schauen gehend und betend das Sakrament unseres Heils und lassen uns und unseren Lebensraum von ihm anschauen. Wir tragen Jesus in der Schlichtheit des Brotes, die die edelste Monstranz nicht nehmen, sondern nur unterstreichen kann. Wir schmücken die Straßen der Gemeinde für Jesus im Zeichen seiner Hingabe, die unser Segen ist. Wenn die gereinigte Straße, das geschmückte Haus, das gute Kleid, der gemeinsam gegangene Weg aber nicht mehr und mehr zu Ausdrücken innerer Lebenswirklichkeit und Empfänglichkeit werden, können wir gehen, soviel wir wollen, wir werden am Fest nicht teilnehmen, das, was unserem Lebensraum Heil bringt, nicht empfangen können.

Jedes Jahr am Gründonnerstagnachmittag findet in unserem Kloster in einer gemeinschaftsinternen Liturgie die Fußwaschung statt. Die Priorin, die an dem Tag auch die Bedienung bei Tisch übernimmt, wäscht dabei zwölf Schwestern die Füße. Darin wird die Evangelienperikope der Abendmahlsmesse am Gründonnerstag zeichenhaft verlebendigt. Der Brauch ist sehr alt. Schon im 4. Jahrhundert gab es im damaligen Westen der Christenheit den Ritus der Fußwaschung im Rahmen der Taufe. In den Klöstern wurde die Fußwaschung an den Gästen, die kamen, getan. Das Konzil von Toledo bestimmte im Jahr 694 für alle Kirchen Spaniens und Galliens, daß sie am Gründonnerstag zu halten sei. Für Rom läßt sie sich seit dem 12. Jahrhundert nachweisen.

Nach der Neuordnung der Liturgie der Karwoche (1955) wurde der Ritus vom Ende der Meßfeier hinter die Evangelienlesung und Homilie verlegt. Vorgeschrieben ist sie seitdem für Bischofs- und Abteikirchen, aber das Römische Meßbuch von 1970/74 empfiehlt sie auch allen Gemeinden. Sie ist sinnfälliges Zeichen der dienenden Liebe Jesu Christi, die wir darin miteinander ausdrücken, aneinander vollziehen, ist Gottes- und Menschendienst, Liturgie und Lebensvollzug.

G

Glocken
Gabenbereitung
Gloria

Vorläufer unserer heutigen Glocken waren Klanginstrumente aus Holz, Ton oder Metall, die in vielen Kulturen und Riten benutzt wurden, am frühesten vielleicht in China, seit dem 9. Jahrhundert v. Chr. nachweislich in Vorderasien. Im christlichen Raum benutzte man zunächst in den Klöstern Schlaghölzer, dann kleine Glocken. Um 800 hatten sich diese im ganzen Abendland bis zu den Dorfkirchen hin verbreitet. Sie galten offensichtlich so viel, daß – beginnend in der Karolingerzeit – ihretwegen die Architektur sich zum Glockenturm der Kirchen hin veränderte.

Inhaltlich sind sie ein Klangzeichen, das uns aufmerksam machen, wecken oder erinnern soll, besonders aber längst nicht nur im religiösen Raum. Dort jedoch werden sie eigens für ihren Dienst gesegnet, meist vom Bischof selbst. Sie gelten als Stimme des Himmels, Symbol von Feierlichkeit und Freude, auch als Stimme des Gewissens, wenn einer weiß, „was es geschlagen hat", und früher waren sie auch eine Warnung vor Gefahr (z. B. Feuer oder Wasser).

Glocken rufen uns zum Gebet, z. B. wenn dreimal am Tag der „Engel des Herrn" geläutet wird. Beten wir mit, wo wir auch sind! Glocken rufen zur Gemeinschaft der Kirche, zu Feier und Gottesdienst. Lassen wir uns rufen von wo auch immer! Feiern wir mit, lassen wir uns gern rufen!

„Herr, wir bringen in Brot und Wein unsere Welt zu dir", heißt es in einem neueren Lied zur Gabenbereitung. Anfangs praktisch mit der Agape verbunden, bekam sie ab dem 3. Jahrhundert stärker eine liturgische Prägung. In der Karolingerzeit begann man damit, die Gaben – wie heute noch in feierlichen Gottesdiensten – zu beweihräuchern. Die vorbereitende symbolische Handwaschung des Priesters wie auch die Aufforderung: „Betet, Brüder und Schwestern, …" verdanken sich gallischem Einfluß. Nach dem II. Vaticanum bemühte man sich um eine deutlichere Ordnung der einzelnen Teile der Gabenbereitung: die Zurüstung des Altars, das Herbeibringen der Gaben, den Lobpreis des Schöpfers usw.

„Frucht der Erde und der menschlichen Arbeit" sind Brot und Wein, in denen wir uns und unsere Welt – gläubig und heilsbedürftig – zum Altar bringen und hingeben, damit sie verwandelt werden in der Hingabe Jesu in seinen Leib und sein Blut. Unser ganzes Leben können wir in diese Gaben hineinlegen, Sehnsucht, Sorge, Armut, Reichtum, Not und Dank. Und was wir wirklich hineingeben in diese Gaben, wird mit Brot und Wein Annahme und Verwandlung finden.

Nach der Liturgiereform wird das „Gloria" – das in unseren Breiten seit etwa dem 12. Jahrhundert bis auf die Bußzeiten zur täglichen Meßfeier gehörte – nur noch an Sonntagen außerhalb der Advents- und Fastenzeit wie auch an Festen und Hochfesten gesungen. Zudem wird es im deutschen Sprachraum häufig durch ein Glorialied der Gemeinde ersetzt. Das mag wirklich „Lobpreis" sein, aber schade ist es doch, wenn das „Gloria" in seiner hergebrachten Form in die Gefahr der Vergessenheit gerät. Handelt es sich bei ihm doch um einen Hymnus aus der Jugendzeit des Christentums, den die Kirche seitdem immer weitergesungen hat.

Bevor die Psalmen zum offiziellen Gebet- und Liederbuch der Christen wurden (4. Jahrhundert), gab es eine Vielzahl von Hymnen. Wegen des Mißbrauchs der Hymnendichtung seitens damaliger Irrlehren wurden sie 380/381 verboten. Das „Gloria" aber blieb mit wenigen anderen aufgrund seines hohen Ansehens davon ausgenommen. Es ist eine große Doxologie, ist großer Lobpreis. Im Text gliedert sich dieser in den von den Menschen aufgenommenen Lobpreis der Engel, die Rühmung Gottes und die Hinwendung an Christus und mündet ein in die Preisung der Heiligen Dreifaltigkeit.

Das mögen auch andere Lieder gut ausdrücken, aber wenig im Leben ist lebendiger Gesang von Jahrtausenden.

B. Fischer schrieb einmal: „Etwas vom Wichtigsten, was man vom Gloria lernen kann, ist die Kraft, die im selbstvergessenen Loben Gottes liegt." Stimmen wir ein, singen wir es neu!

H

Hände
Herz-Jesu-Verehrung
Hochgebet

„Handeln" kommt von „Hand". Die Hand ist eines unserer ausdrucksstärksten Glieder. In der Liturgie beten und sprechen auch unsere Hände. Es ist die stille, starke Sprache der Gebärde.

Mit der Hand zeichnen wir das Kreuzzeichen über unseren Leib und unser Leben. – Viele Menschen falten beim Gebet die Hände. Diese germanische Huldigungsform, wo einer z. B. auch seine gefalteten Hände in die Hände des Lehnsherren legte, zog im 9. Jahrhundert ins Christentum ein.

Die gefalteten Hände sind auch zu einer Geste von Sammlung und Stille geworden. – Die offenen, ausgebreiteten, erhobenen Hände waren jahrhundertelang die den Christen natürlichste Gebetshaltung. Aus der Antike übernommen, wurde sie zudem Nachbild der Haltung Jesu am Kreuz. Heute betet in der Liturgie nur noch der Priester so: aufrecht stehend, die leeren, offenen, empfänglichen Hände zu Gott erhoben. – Mit der Hand schlägt man sich zum Zeichen der Reue an die Brust, wie es schon der Zöllner im Evangelium tat (Lk 18,13). – In der Handauflegung, z. B. bei Taufe, Firmung, bei Weihen und z. T. bei der Beichte, wird Gottes Segen weitergegeben, werden seine Kraft und sein Leben übermittelt.

Die Hände können Gott nicht greifen, sowenig wie das Herz ihn je ganz begreifen kann, aber mit offenen, manchmal mit leeren, mit freien Händen und Herzen dürfen wir vor ihm sein und ihn und sein Heil empfangen und erbeten.

Dann ist das Leben am vollsten und schönsten, wenn, wie man sagt, „uns das Herz aufgeht", dann finden wir liebevollen Zugang zu allem. Man sagt „Herz" und meint die ganze Offenheit und Zuwendung. Herz ist ein Urwort – auch in der Bibel. So fand die Frömmigkeit über die Meditation des Lebens Jesu und sein am Kreuz durchstoßenes, geöffnetes Herz zur Herz-Jesu-Verehrung.

Eine Welle von Impulsen bekam sie im 13./14. Jahrhundert durch Mechtild von Magdeburg, Gertrud von Helfta, Heinrich Seuse. Eine weitere im 14./15. Jahrhundert durch die „Devotio moderna". Im 17. Jahrhundert war Jesu gottmenschliche Liebe Thema im „goldenen Zeitalter der französischen Mystik". Margareta Maria Alacoque (1647-1690) propagierte den monatlichen Herz-Jesu-Freitag und das Herz-Jesu-Fest (Freitag in der 3. Woche nach Pfingsten), das 1765 für die ganze Kirche erlaubt, 1856 vorgeschrieben wurde. Es war damals die Überwindung des Jansenismus, dann die des Rationalismus in der Religiosität. Die unberührbare Gerechtigkeit im ersteren wie die klare, kühle Vernunft im zweiten haben ihren Sinn und Ort, aber das Leben fließt andersorther, aus der Barmherzigkeit und Zuwendung, dem uns offenen Herzen Jesu, auch heutzutage. Es ist gut für uns, die alte Bitte weiterzubeten: „Jesus, Sehnsucht der Schöpfung von Anbeginn, bilde unser Herz nach deinem Herzen."

„Das Hochgebet, das seinem Wesen nach gleichsam der Höhepunkt der Meßfeier ist, hat als Danksagungs- und Heiligungsgebet den Sinn, daß sich die ganze Versammlung der Gläubigen mit Christus verbindet im Bekenntnis der Großtaten Gottes und in der Darbringung des österlichen Opfers" (Prot CD 511/91), heißt es in einem römischen Dekret von 1991.

Es beginnt mit der Präfation und schließt mit der großen Doxologie (Durch ihn und mit ihm und in ihm ...), die alle mit ihrem „Amen" bekräftigen.

Weil es da um Mitte und Höhepunkt christlichen Gottesdienstes geht, sollten – bei allem Sinn für Verschiedenheit – subjektiv formulierte Hochgebete vermieden und die von der Kirche vorgegebenen Texte gebraucht werden.

Vier verschiedene Hochgebete sind die gebäuchlichsten. Das 1., der sog. „Römische Kanon", geht auf ein kurzes Hochgebet Hippolyts (3. Jahrhundert) zurück, das aber sehr erweitert wurde, und es war bis zum Konzil seit eininhalb Jahrtausenden das in der römischen Liturgie allein übliche. – Das 2. Hochgebet ist ebenfalls ein umgestalteter Text, der auf Hippolyt zurückgeht. – Das 3., sehr kurze Hochgebet ist nach dem Konzil neu geschaffen worden, in ihm klingt das Opfermotiv immer wieder an. – Das 4., ebenfalls neue Hochgebet mit Anklängen an die Basiliusliturgie ist ein dankender Lobpreis für Gottes Heilstaten von der Schöpfung an bis zur Erlösung und Geistsendung. – Zu diesen vier kommen noch einige Hochgebete für Meßfeiern bei besonderen Anlässen, z. B. für eine Messe mit Kindern, oder zu besonderen Themen, z. B. zum Thema Versöhnung oder Einheit der Christen u. a .m.

I Improperien
In Christus
Inzens

Das lateinische Wort heißt übersetzt „Vorwurf". Es handelt sich dabei um Gesänge zur Kreuzverehrung am Karfreitag, in denen der Erlöser seinem Volk klagt (vgl. auch Gotteslob Nr. 206). „Mein Volk, was habe ich dir getan, womit nur habe ich dich betrübt? Antworte mir." Dieser Frage und Klage folgen Texte, die verschiedene Stationen des alttestamentlichen Rettungsweges Gottes mit Israel bis zu Jesu Leben hin aufgreifen. Zwischen diesen einzelnen Strophen der Improperien wird in den alten Texten wie ein Refrain von einer zweiten Sängergruppe das „Trishagion" – „Dreimalheilig" – gesungen. Der Kontrast ist groß und deutlich: Huldigung und Klage, während die Gemeinde, Mensch für Mensch, das Kreuz in der Liturgie verehrt, Christus, der daran für uns das Leben auslitt.

Etwa um das Jahr 880 findet sich im fränkischen Raum erstmals die Verbindung von Improperien und Trishagion bei der Kreuzverehrung. Es sind erschütternde Texte und Weisen, ein Aufriß von Heilsgeschichte und Rettungsversuchen Gottes. Angesichts des gekreuzigten Jesus sind wir gefragt zu einer ganz persönlichen Antwort, von der die personal vollzogene Kreuzverehrung ein Ausdruck und ein liturgischer Anfang ist.

Ein spiritueller Lehrer der frühen Kirche, Origines
(† um 253), schrieb:
„Einen Ort suchen wir, um das Lied des Herrn zu singen, um niederzufallen vor unserm Gott in diesem frem-
den Land. Wo ist dieser Ort? Ich fand ihn: Er kam auf
diese Erde, einen heilenden Leib tragend, aufhebend
den Leib der Sünde." Der Dichter Reinhold Schneider
(1903-1958) sagte, das sei „eine Einsicht, der wir ihr Geheimnis lassen müssen: Christus ist der Ort des Gebetes".

Alles Beten ist in Christus. Ob wir allein in der Woh-
nung sind, ob wir in uns gehen oder betend eine Not
herausschreien, ob wir miteinander, am Tisch sitzend,
bei den Mahlzeiten beten, ob wir uns in unserem Kloster
sechsmal am Tag zum Gebet in der Kirche treffen oder
ob wir in der Kirche die Eucharistie feiern, immer ist unser Beten, ist Liturgie, jeder Lobpreis, jede Bitte, jede
Not **in Christus** und wird von ihm im Heiligen Geist dem
Vater ans Herz gelegt. Darum schließt jede Oration, jedes Gebet in der Liturgie, mit den Worten „durch Christus, unsern Herrn".

Inzens

Unter „Inzens" versteht man in der Liturgie das Beweihräuchern von Personen und Gegenständen, wobei durch das Aufstreuen von Weihrauchkörnern auf glühende Holzkohle duftende Rauchwolken aufsteigen. Zunächst war dieser Brauch im Mittelmeerraum im Totenkult üblich. Zudem ließen in der Antike hochgestellte Beamte als Zeichen ihrer Ehre Pfannen mit Räucherwerk vor sich hertragen. Das fand dann Eingang ins Hofzeremoniell. Im spätantiken Herrscherkult galt das Beweihräuchern des Kaiserbildes als Bekenntnis zur römischen Staatsreligion und für die Christen als Absage an Christus. Als Folge des Hofzeremoniells wurde der Inzens im Christentum bei Prozessionen oder dem feierlichen Einzug des Papstes zur hl. Messe übernommen. Später als im Osten begann man im Westen (in der Karolingerzeit), nach dem Einzug zur Messe Altar und Kreuz zu beweihräuchern, um so Christus zu ehren und zu begrüßen. Der zuvor gesegnete Weihrauch wird dabei als reinigend und heiligend verstanden.

Aus solchen Motiven kommt auch der mögliche Inzens von Gaben, Zelebrant und Gemeinde bei der Gabenbereitung. Vor der Lesung des Evangeliums vorgenommen, bedeutet er zuerst die Verehrung Christi in seinem Wort. Auch ist er ein Zeichen für den „Duft" des Evangeliums, der im Wort des Textes wie im Duft des Weihrauchs bei uns, den gläubigen Hörern, Eingang finden will.

J

Jahreskreis
Jahrgedächtnis
Jubilus

Nach dem II. Vaticanum trat 1969 eine neue Grundordnung des Kirchenjahres und des Kalenders in Kraft. Das Kirchenjahr besteht aus den sog. „geprägten Zeiten" und dem „Jahreskreis". Die geprägten Zeiten ordnen sich hauptsächlich um die beiden christlichen Hauptfeste: um Ostern (schon im 1. Jahrhundert als Jahres-Pascha gefeiert) die vorbereitende Fastenzeit (Quadragesima) und die bis Pfingsten gefeierte Osterzeit; um Weihnachten und Epiphanie (seit dem 4. Jahrhundert) die sich später entwickelnde Adventszeit und die Weihnachtszeit bis hin zum Fest der „Taufe des Herrn". Diese Zeit umfaßt 18 (19) Sonntage. Zwischen den geprägten Zeiten liegen die 33 (34) Sonntage im Jahreskreis. Grundlegendes Strukturelement des Kirchenjahres war von Anfang an der Sonntag, Herrentag, der Beginn der neuen Schöpfung, der Tag der Auferstehung Jesu, dessen bleibendes Gegenwärtigsein im ewigen Jetzt der Liturgie wir im Rhythmus der Zeiten feiern.

Die Zeit im Jahreskreis teilt sich in zwei Abschnitte. Einmal geht sie vom Montag nach dem Fest der „Taufe des Herrn" bis zum Aschermittwoch. Der zweite Abschnitt beginnt nach Pfingsten und geht bis zum Advent hin. „Jahreskreis" meint aber nicht: Wiederkehr des immer Gleichen, sondern je neue Begegnung mit Jesus Christus in seinem Erlösungsgeheimnis, das in Zeit und Geschichte geschah, aus dem wir jeden Tag leben und in jede Zukunft gehen.

Jahrgedächtnis

Wenn wir das Wort „Jahrgedächtnis" hören, denken wir üblicherweise an die Eucharistiefeier am Jahrestag des Todes eines nahestehenden Menschen, an den sich z. B. Familienangehörige menschlich erinnern und dessen sie in der Eucharistiefeier der Gemeinde gläubig und betend gedenken.

Das Jahrgedächtnis hat sich aus der Feier der Jahrtage eines Ursprungs entwickelt, wie z. B. der Einweihung eines Tempels oder einer Kirche, der Geburt eines Menschen usw.

Es ist sinnvoll, die Erinnerung an einen Anfang, einen Einschnitt, eine besondere Wendung im Leben zu pflegen, und zwar nicht in einer Haltung von Nostalgie und gedankenloser Oberflächlichkeit, sondern in wacher Besinnung und Dankbarkeit, die im Vielerlei von Dingen und Betrieb nicht der Vergeßlichkeit unterliegt.

Ein solches Bewahren und Gedächtnis von Jahrestagen geschieht für Christen im Horizont des Glaubens, der Verbundenheit mit Gott. Auch die persönlichen Jahrestage im Glaubensleben und -reifen wären vielleicht des Gedenkens und der Feier wert, wie z. B. der Tag der Taufe, Erstkommunion, Firmung, der Eheschließung oder – bei uns im Kloster – der Gelübdeablegung oder noch andere, die den Weg prägten, den Gott uns bisher führte. Und damit dann weitergehen …

Jubel kommt vom lateinischen „jubilus" und meint da
einen langgezogenen, jubelnden Ausklang eines Liedes
oder Tons, durch den wir unverhohlene, helle Freude
ausdrücken. Ohne den Jubel zu kennen, kennt unser Leben nicht seinen vollen Klang. Dabei geht es nur wenig
um äußere Umstände. Im alttestamentlichen Buch Da-
niel singen die drei Jünglinge eines der kostbarsten Ju-
bellieder vor Gott in der Glut des Feuerofens und laden
alle Schöpfung und Kreatur in ihren Jubel ein – immer
wieder: „Lobt und rühmt ihn in Ewigkeit!" (Dan 3). Die
hl. Maria Magdalena de Pazzis rannte durch die Gänge
ihres Klosters und rief: „Liebe, Liebe, wißt ihr, Schwestern, daß Jesus die Liebe ist?" Es müssen auch nicht, ja
können gar nicht immer Worte sein, Jubel kann weit
darüber hinaus aus dem Herzen aufbrechen. In den
„Blümelein des hl. Franz" wird erzählt, daß der Jubel
des Bruder Maseo nur darin bestand, „u u u u" zu sagen.
Und Bruder Bernardo lief in den Bergen herum aus Jubel.

Der klassische Jubilus der Liturgie ist das „Alleluja"
(s. o.), das in den Choralmelodien oft ganz lang auf dem
„a" ausgesungen wird, wie es die deutschen Kirchenlie-
der gar nicht kennen. Unser Jubel will frei werden und
sich ausdrücken, im Gottesdienst wie im Leben. Wir
brauchen das auch sehr. Es heißt, in der frühen Zeit der
Kirche hätten die Christen das „Alleluja" auch außerhalb des Gottesdienstes gesungen, selbst beim Arbeiten – jubelnde Freude aus dem von Gott Geliebtsein.

K

Kelchkommunion
Kerzen
Kreuzzeichen

Im März 1971 beschloß die Deutsche Bischofskonferenz, die Kelchkommunion wieder zu erlauben bei „Meßfeiern kleiner Gemeinschaften" und an besonderen Festen, „wenn die Zahl der Teilnehmer nicht zu groß ist", und stellte dies ins Ermessen des jeweiligen Pfarrers.

Damit wird eine bis ins 12. und 13. Jahrhundert lebendige Tradition wieder ermöglicht, die im Mittelalter jedoch aufgrund einer wohl schon immer vorhandenen Besorgnis, durch Verschütten des Kelchinhalts das Blut Christi, das Zeichen des Bundes, zu verunehren, einerseits und eines ganz starken Sinns für und eine Konzentration auf die Realpräsenz Jesu im eucharistischen Brot andererseits für die Gemeinde als Ganzes aus dem Blick geriet. Durch die reformatorische Forderung nach dem Laienkelch wurde diese Position im katholischen Bereich nochmals verstärkt. Jedoch hat die Kommunion unter den beiden Gestalten des Brotes und des Weines immer notwendig und unverzichtbar zur gültigen Feier der Eucharistie gehört. Noch Papst Gelasius I. (492-496) drängte auf den Kelchempfang auch der Gemeinde.

Christus ist in Wein und Brot ganz gegenwärtig und schenkt sich der Gemeinde der Gläubigen. Aber wir wollen mit großer Ehrfurcht und Dankbarkeit auch das Gespür für die beiden Zeichen der Eucharistie bewahren und mit ihnen leben und sie annehmen, denn sie sind sein Vermächtnis.

Zu jeder Eucharistiefeier, zum Stundengebet der Vesper und vielen anderen Gottesdiensten werden Kerzen angezündet. Und immer brennt ein Öllicht in den katholischen Kirchen beim Tabernakel, das „Ewige Licht". Kerzen bedeuten Feuer und Licht.

In unserer Klosterkirche wird als Ewiges Licht das Osterfeuer bewahrt und gehütet, jährlich neu das geweihte Feuer der Osternacht, das Licht der brennenden Osterkerze. Und alle Kerzen in unserer Kirche werden mit diesem Feuer vom Ewigen Licht angezündet.

Das Urelement Feuer ist gewaltig, es verbrennt, verzehrt, verwandelt, es kann auch vernichten. Aber in der Kälte schenkt es Wärme und im Dunkeln Licht. Gott ist ein verzehrendes Feuer, sagt die Schrift. Seine Glut ist die Liebe, die uns entzünden will, daß wir glühend liebevoll werden.

Mehr noch als das natürliche Licht, ohne das kein Leben gedeiht, ist Christus das lebendige Licht, das unser Leben erhellt und erleuchtet. In seinem Licht können wir die Wirklichkeit sehen und verstehen lernen und Klarheit gewinnen, wenn wir sie suchen. Wenn wir uns auf sein Feuer und Licht einlassen, wird auch in uns ein Leuchten beginnen und ausstrahlen. Ohne Worte erzählt jede brennende Kerze in unseren Kirchen von dieser Wirklichkeit.

Mit dem Kreuzzeichen und im Namen des Vaters, des Sohnes und des Heiligen Geistes beginnt jede Eucharistiefeier, beginnen und beschließen in aller Welt zahllose Christen einen jeden Tag. Es ist der kirchliche Segensgestus schlechthin. In ihm berühren wir Stirn, Brust, linke und rechte Schulter im Zeichen des Kreuzes.

Versteht man den Kopf als Sitz der intellektuellen Kräfte, Herz und Brust als Sitz der emotionalen Kräfte, die Schultern als Ansatz von Armen und Händen, mit denen wir ans Werk gehen, so wird deutlich, wie dieses Zeichen den ganzen Menschen bezeichnen und besiegeln will mit dem Siegel Christi, durch den uns alles Heil wird.

Dies Besiegeln war und ist ein Äquivalent der Taufe, auch die dabei gesprochenen Worte beziehen sich klar auf die Taufe. Sich zu bekreuzen heißt also, sich der Taufe zu erinnern, sich neu Gott zu übereignen, sich Christus und seinem Weg mit uns anzuvertrauen, sich ganz in diese Wahrheit des Heilszeichens hineinzustellen mit allem, was überhaupt zu unserem Leben dazugehört. Nur wer sich Gott wirklich anvertraut, kann ja aus dem Vertrauen auf Gott leben. Das Kreuz, mit dem wir uns bezeichnen, kann uns – schlicht und leibhaftig – Ausdruck und Aktualisierung und Einübung solchen Vertrauens sein.

L

Leib Christi
Lesepult
Liturgiereform

Es gibt in der Heiligen Schrift und der Tradition viele Bilder, die das Wesen der Kirche verdeutlichen: das der geschwisterlichen Gemeinschaft (Mt 23,8), das vom Haus aus lebendigen Steinen (1 Petr 2,4f.), das vom Weinstock und seinen Zweigen (Joh 15,1-8). Paulus beschreibt im 1. Korintherbrief (12,12-27) die Kirche als den Leib Christi, in dem wir alle sehr unterschiedliche Glieder und Zellen sind.

Jede Zelle ist in sich eine einzelne Zelle, aber Sinn und Erfüllung findet sie darüber hinaus im großen Zusammenhang des ganzen Leibes. Darin hat sie auch ihre Aufgabe.

Jeder Christ ist immerzu Zelle im Leibe Christi, besonders augenfällig wird dies aber, wenn Christen sich zum gemeinsamen Beten, Gottesdienst, zu Feier und jedem Werk versammeln, am dichtesten in der Feier der Eucharistie, in der sie selbst den ganzen Leib Christi in der Kommunion, als Brot aus vielen Körnern gebacken, empfangen.

Der Kirchenvater Augustinus († 430) schrieb dazu in einer Predigt: „Seid also, was ihr seht: Leib Christi, und empfangt, was ihr seid: Leib Christi." Und wenig später: „Du hörst: ‚Leib Christi' und antwortest: ‚Amen.' Sei darum ein Glied des Leibes Christi, damit dein Amen wahr ist."

Das 2. Vatikanische Konzil hat gewissermaßen das Lesepult, den Ambo (vom griechischen „anabainen", d. h. hinaufsteigen), neu entdeckt, das bei uns – anders als z. B. in Italien – weithin verschwunden war. Schon im Oktober 1964, also kurz nach Beendigung des Konzils, nennt ein Brief des Römischen Liturgierates das Lesepult ein dringendes und nötiges Element der Liturgie zur Verkündigung des Wortes Gottes. In romanischer Zeit hatte man gelegentlich zwei Lesepulte für die Epistel und das Evangelium. Dagegen greifen die deutschen Bischöfe 1965 die römische Empfehlung eines einzigen Lesepultes in ihren „Richtlinien für die Feier der hl. Messe in Gemeinschaft" auf, das an einem der Würde des Wortes und der Verkündigung entsprechenden Ort in der Kirche, meist in der Nähe des Altares, stehen soll.

Man spricht von den beiden Tischen, dem des Brotes und dem des Wortes, an beiden empfängt der gläubige Christ Kraft und Speise für sein Leben. Wenn die Lektoren zur Lesung an den Ambo gehen, verneigen sie sich zum Altar hin, an dem sie vorübergehen. Wenn sie die Lesung beenden, verneigen sie sich kurz vor dem Text. Heil und Erlösung sind lebendige Wirklichkeit, der wir da leibhaftig begegnen.

Alles Leben der Welt ist Werden, wir können nicht anders sein als im Werden. Selbst das Bleibende birgt sich immer im Werdenden. Das gilt auch für die Liturgie. Ihr ist das in Christus ewig Gültige und das in der Kirche Unveränderliche eigen, ebenso wie Wandel und Werden in allen Kulturen, in denen sich das Wesentliche inkarniert. Das II. Vaticanum sagt, der Wandel der Zeit und die kulturelle Eigenart der einzelnen Völker sind zu fördern und einer berechtigten Vielfalt ist Raum zu geben, sofern diese mit dem echten Geist der Liturgie vereinbar ist (vgl. LK 37-40).

Immer wieder gab es Reformen in der Liturgie, z. B. in der Karolingerzeit oder im späten Mittelalter die des Konzils von Trient. In unserem Jahrhundert leitete Papst Pius X. offizielle Reformschritte ein. Später griff Papst Pius XII. sie wieder auf. Da gab es viele Initiativen und Treffen.

Die Liturgiekonstitution des II. Vaticanum (1963) ist eine Frucht von alldem. Überall wurden danach Reformgremien geschaffen, wurde und wird gearbeitet an einer angemessenen Zeichenhaftigkeit und Verständlichkeit der Liturgie.

Diese Reformprozesse sind die eine Seite, die andere Seite ist ebensowichtig: daß wir hineinwachsen in den Reichtum der Liturgie, liturgiefähiger werden und sie wach und lebendig betend mitfeiern.

Marienverehrung in der Liturgie
Monstranz
Messe

In seiner Liturgiekonstitution sagt das II. Vaticanum über Maria: „Bei der Feier der Mysterien Christi verehrt die Kirche mit besonderer Liebe Maria, die selige Gottesgebärerin, die durch ein unzerreißbares Band mit dem Heilswerk ihres Sohnes verbunden ist. In ihr bewundert und preist sie die erhabenste Frucht der Erlösung. In ihr schaut sie wie in einem reinen Bild mit Freuden an, was sie ganz zu sein wünscht und hofft" (LK 103).

Im NT mehrfach genannt, ab dem 2. Jahrhundert theologisch reflektiert, entstanden die ältesten Feste Mariens als Begleitfeste von Weihnachten und Epiphanie. Im Lauf der Jahrhunderte wuchs die liturgische Marienverehrung. Für den Osten sei nur der „Hymnos Akathistos", für den Westen seien die marianischen Antiphonen des Mittelalters, die Lauretanische Litanei und die sehr marianisch geprägte Adventszeit genannt.

Der kirchliche Kalender kennt viele Tage Mariens: die Hochfeste der Erwählung Marias (8. 12.), der Gottesmutter Maria (1. 1.) und der Aufnahme Marias in den Himmel (15. 8.); die Feste Mariä Geburt (8. 9.) und Mariä Heimsuchung (2. 7.). Das frühere Fest Mariä Lichtmeß (2. 2.) ist zum Herrenfest der Darstellung des Herrn geworden. Dann gibt es noch acht marianische Gedenktage (früher wurden noch 21 regionale Tage aufgeführt) und die Votivmesse „Maria am Samstag". Immer will Maria uns so als Grund unserer Freude und Lehrmeisterin der Jüngerschaft und Gottzugehörigkeit begleiten.

In der Fronleichnamsprozession (s. o.) seit 1246 wird Jesus im eucharistischen Brot in der Monstranz durch die Straßen getragen. Bei der feierlichen Anbetung, z. B. an den Tagen des Ewigen Gebetes in den Gemeinden, wird die Hostie in der Monstranz zur Anbetung auf den Altar gestellt. Seit dem Hochmittelalter hat sich aufgrund eines gewandelten Eucharistieverständnisses im Raum der lateinischen Kirche die Frömmigkeit stark zu einer Schaufrömmigkeit hin entwickelt, von der diese beiden genannten und uns bekannten Formen nur ein kleiner Teil sind.

Die Monstranz ist ein kostbares Schaugefäß, das es seit dem 14. Jahrhundert gibt (das lateinische „monstrare" heißt zu deutsch „zeigen"). Vordem gab es bereits Schaugefäße für Reliquien (s. u.). Bei der Monstranz wird die Hostie zwischen zwei Glasscheiben gehalten (bis zur Renaissance war das meist ein Zylinder) und dort anschaubar gemacht. Vor allem in der Gotik wurden kunstvolle Monstranzen mit viel Schmuck und figürlichen Darstellungen geschaffen.

Wir zeigen in der Monstranz und sehen das „Allerheiligste" im kostbaren Gefäß – unübersehbar, wie Gottes Kostbarkeit anders ist als unsere höchste Kunst. Wir nehmen Gold – er wird Brot. Wir zeigen unsere Güter als Reichtum und Schmuck – er führt uns seine Hingabe und Entäußerung vor Augen. Schauen wir ihn an, und lernen wir ihn anbetend verstehen.

Die Offiziersmesse auf Schiffen z. B. hat sich sprachlich aus den aus der Küche „gelieferten" Gerichten entwickelt. Die großen Warenmessen der Wirtschaft haben ihre Wurzeln in den Jahrmärkten, die im Mittelalter anläßlich großer Feste mit feierlicher Messe stattfanden. Aber warum sagen wir zur Eucharistiefeier „Messe"?

Messe kommt vom lateinischen „missa" (seit dem 14. Jahrhundert nennt man auch ein musikalisches Werk der gleichbleibenden Meßgesänge „missa"), vom „Ite, missa est", dem lateinischen Entlassungsruf. „Missa" ist eine Verbform von „mittere", das viele Bedeutungen hat. Es kann heißen: senden, schicken, entlassen; aber auch: liefern, bereiten u. a. m.

In der „Messe" ist „Ite, missa est" der Schlußakkord, die Entlassungsform nach dem Schlußsegen, und von dieser Segnung her verstanden worden. Übersetzt heißt es: „Geht, ihr seid entlassen, gesandt." Im Deutschen sagt man heute: „Gehet hin in Frieden." Im Sinn des ganzen Gesegnetseins durch die heilige Feier, in der Christus den Vater preist und uns als Gemeinde der Erlösung teilhaftig werden läßt, wird „missa" seit dem 6. Jahrhundert und noch stärker ab dem Mittelalter zum Namen für die Eucharistiefeier, zur heiligen Messe.

N

Nekrolog
Neues Testament
Novene

Schon in manchen Kirchen sah ich ein Buch ausliegen, in dem die Toten der Gemeinde für jeden Tag aufgeschrieben sind und erinnert werden. In vielen Klöstern werden aus diesen Totenbüchern, den sog. „Nekrologien", täglich die Namen der Toten des Klosters vorgelesen. So wird einerseits deutlich, wie wir in einer langen Reihe stehen, in der andere vor uns standen und gingen, wir nun stehen und gehen werden und nach uns wieder andere. Andererseits steht das Erinnern gegen die Vergeßlichkeit, eine besondere Gefährdung solch schnelllebiger Zeiten wie der unseren. Die Toten werden unserer Fürbitte empfohlen, und wir können sie um ihre bitten. Es ist eine Solidargemeinschaft, die über unsere Erde und Zeit hinausgeht, deren Mitte Christus ist, im Himmel wie auf Erden.

Seit dem 7. Jahrhundert trug man zuweilen die Sterbetage von Menschen in vorhandene liturgische Bücher ein, wie z. B. ins Martyrologium oder in das Kalendarium. Später entstanden eigene Nekrologien, seit dem 8. Jahrhundert sind uns Zeugnisse erhalten. Für Sprachwissenschaftler sind diese alten Bücher von einigem Interesse, ebenfalls klärend und aufschlußreich für Historiker.

Aktueller als ihre Details ist für uns Heutige ihr Sinn: ihr Zeugnis gegen die Vergeßlichkeit und für die Solidarität. Getragen werden sie aus dem Glauben an das Leben über den leiblichen Tod hinaus, wie Jesus von Mose gesagt hat, „der den Herrn den Gott Abrahams, den Gott Isaaks und den Gott Jakobs nennt. Er ist doch kein Gott von Toten, sondern von Lebenden; denn für ihn sind alle lebendig" (Lk 20,37 b.38).

Die vier Evangelien, die Apostelgeschichte, 21 Briefe und die Offenbarung des Johannes bilden die im 2. Jahrhundert n. Chr. kanonisierten Schriften des Neuen Bundes, die seit Tertullian († 220) „Neues Testament" genannt werden. Mit der hl. Schrift des Judentums, die wir Christen „Altes Testament" nennen, enthalten diese Texte die von der Kirche als verbindlich anerkannte Offenbarung Gottes. Das NT ist das fundamentale Zeugnis von Jesus Christus, in dessen Person Gottes erlösende Liebe zu uns kam. Es ist in den Worten Jesu selbst wie auch in den Worten der Apostel ein vielfältiges Zeugnis vom Geheimnis Jesu.

Für die christliche Liturgie und das ganze christliche Leben sind die biblischen Texte mit ihrer Gipfelung im NT von grundlegender und nicht zu unterschätzender Bedeutung. Das 2. Vatikanische Konzil betont das an mehreren Stellen (LK 24, 35, 51, Dei verbum 21). Das gilt an erster Stelle für die Lesungen in jeder Eucharistiefeier und das persönliche Lesen des NT. Aber darüber hinaus sind die liturgischen Texte überhaupt ganz stark von der Wahrheit und den Worten der Bibel geprägt und inspiriert. Auch das Leben jedes Christen, jeder Christin sollte alle Tage von Jesu Wort und Wahrheit inspiriert und belebt und erhellt sein.

Von Zeit zu Zeit muß man in einen Garten hineingehen, den Hecken wieder Form geben, die Ränder abstecken, sonst verliert das dort schön wachsende Leben seine Kontur und Linie. Auch in der Liturgie der Kirche ist so etwas von Zeit zu Zeit – seltener als in Gärten – nötig. Die nachkonziliare „Grundordnung des Kirchenjahres und Kalenders" (GOK) von 1969 hat dies unternommen.

Manches wurde dabei umgeordnet, manches reduziert, manches aufgegriffen. So fand die Pfingstnovene zwischen Christi Himmelfahrt und Pfingsten als einzige Novene Heimat in der offiziellen Liturgie.

Novenen sind eher eine Form der Volksfrömmigkeit, die sich besonders seit dem Barock entwickelte und verbreitete. Im Anschluß an Apg 1,13f. und die dort im Gebet verharrende Jüngergemeinde betet man dabei neun Tage lang (daher: Novene) allein oder miteinander ein bestimmtes Gebet oder eine bestimmte Andacht, um sich so auf ein Fest vorzubereiten oder auf ein anderes wichtiges Ereignis oder um in einer Bedrängnis oder bei einer Entscheidungsfindung durch dieses anhaltende Beten Hilfe zu erbitten.

O-Antiphonen
Öl
Österliches Leben

O-Antiphonen

Die Adventszeit auf unseren Straßen und Märkten und die der christlichen Liturgie sind vom Wesen her so verschieden. Wo bei der einen Lärm, Fülle an Licht, Duft und Essen sind, sind bei der anderen Stille, Warten, Kargheit und Bereitung. In der letzten Adventwoche ab dem 17. Dezember ist in der Kirche hoher Advent geworden, dichteste Sehnsucht, Wissen um das nahe Kommen Christi.

Im Stundengebet findet dies seit alters her seinen Ausdruck in den sogenannten „O-Antiphonen", die in der Vesper täglich zum Magnifikat gesungen werden. Da schöpft die Sehnsucht der Betenden aus der Fülle alt- und neutestamentlicher Bilder und ruft in ihnen den Messias herbei. Ihren gemeinsamen Namen haben diese Antiphonen von dem „O", mit dem sie alle beginnen: O Weisheit ..., O Adonai ..., O Sproß aus Isais Wurzel ..., O Schlüssel Davids ..., O Aufgang ewigen Lichtes ..., O König der Völker ..., O Emmanuel ...

Nach der Neuordnung des Meßbuchs fanden diese alten Texte Eingang in die Meßfeier als Zwischengesang vor dem Evangelium. So können sie einer viel größeren Zahl von Christen zum Sehnsuchtswort werden, falls sie denn Sehnsucht haben und sie beten wollen. Das Kirchenlied „Herr, sende, den du senden willst" (GL 831, Kölner Teil) greift ebenfalls die O-Antiphonen auf.

Die Symbolik des Öls hat sich stark im Mittelmeerraum entwickelt. Öl diente zur Speise, als Brennstoff der Lampen und zur Salbung, z. B. nach dem Bad, vor Wettkämpfen, in Krankheit. Es war Zeichen heiliger Segensfülle, der Fruchtbarkeit und des Friedens.

Auch das Judentum gebrauchte Öl in der Liturgie. Es wurden gesalbt: die Hohenpriester, Könige, Propheten, die Bundeslade, das heilige Zelt und die liturgischen Geräte. Es war unblutiges Opfer. Es brannte in den Lampen in Heiligtum – wie heute noch als Ewiges Licht vor den Tabernakeln in unseren Kirchen.
Man sprach auch im übertragenen Sinn vom „Öl der Freude" (Ps 45,8).

Messias, Christus, heißt übersetzt: der „Gesalbte". Die Jünger erkannten in Jesus den Christus. So wie das Öl den gesalbten Leib durchdringt, so verstand man seine Menschheit von der Gottheit durchdrungen.

In der katholischen Liturgie wird geweihtes Öl heute zur Salbung bei der Sakramentenspendung von Taufe, Firmung, Priesterweihe und Krankensalbung benutzt. Es meint Leben und Kraft, Schutz und Segen und Weihe. Es ist Sinnbild der Gnade und des Heiligen Geistes.

Normalerweise ist die Weihe dieses Öls Privileg des Bischofs. In der sog. „Chrisammesse" am Gründonnerstagmorgen weiht der Bischof in der Gemeinschaft mit vielen Priestern aus dem Bistum das heilige Öl für die Gemeinden seiner Diözese.

Ohne Ostern und Österlichkeit kann man nicht Christ/in sein. Authentisches Christenleben trägt immer zuinnerst österliche Züge.

Die Berichte von Jesu Sterben und Auferstehen bilden den Kern der apostolischen Verkündigung und Überlieferung. Die Feier des Sonntags als wöchentliche Pascha-Feier, als ersten Tag der Woche und der neuen Schöpfung (in den ersten Jahrhunderten war das noch ein Werktag), als Tag der Auferstehung, als Herrentag mit dem Herrenmahl bildete den Grundbaustein des Kirchenjahres noch früher als das jährliche Osterfest, das auch schon im 1. Jahrhundert gefeiert wurde.

Mit dem lebendigen Glauben an den auferstandenen Herrn steht und fällt das christliche Leben (vgl. 1 Kor 15,13ff.). Darum bekennen wir in jeder Eucharistiefeier als Geheimnis unseres Glaubens: „Deinen Tod, o Herr, verkünden wir, und deine Auferstehung preisen wir, bis du kommst in Herrlichkeit."

Sterben und Auferstehen gehören zum Glaubens- und Lebensweg aller Christen, die ja in Christus – in sein Sterben und seine Auferstehung – hineingenommen sind. Unser konkretes, tägliches Leben mitten in der Welt und allem darin Lebendigen und Tödlichen ist das „begonnene Auferstehungsleben" (Ratzinger) und schöpft Kraft, Mut, Geduld und Freude aus der unerschöpflichen österlichen Wirklichkeit Jesu Christi.

P

Pontifikalien
Paramente
Psalmen

„Pontifex" im Lateinischen heißt übersetzt „Brücken-bauer", es war die Bezeichnung für die obersten Priester im antiken Rom. „Pontifex maximus" nannte man seit Leo dem Großen († 461) dann den Bischof von Rom, den Papst. Seine Regierungszeit, die Zeit, die ihm zum Brückenbauen gegeben war, nennen wir „Pontifikat". „Pontifikalien" werden die Amtszeichen genannt, die, aus den Vorrechten der römischen Staatsbeamten abge-leitet, seit Kaiser Konstantin besonders dem römischen Bischof verliehen oder von diesem selbst anderen Bischöfen gegeben wurden.

Manche kennen wir, wie z. B. den eigenen Sitz des Orts-bischofs in der Kirche, die Cathedra, die zu den ältesten Zeichen zählt, dann auch die Mitra, die bischöfliche Kopfbedeckung bei feierlichen Anlässen, den Stab, den Bischofsring und das Brustkreuz, vielleicht auch noch das Scheitelkäppchen, das offiziell „Pileolus" heißt. Das Pallium des Papstes und der Kardinäle fällt dagegen kaum ins Auge. Und die früher offiziellen Schuhe und Strümpfe gibt es fast nicht mehr.

Je nach Einschätzung des Amtes an sich wird man den Sinn solcher Zeichen unterschiedlich werten. Geläufig sind sie kaum noch heute, fremd geworden in mancher Hinsicht. Aber wenn ich einen Bischof sehe, der sie trägt, sehe ich einen, der in seiner ganzen Menschlich-keit von Christus her und auf ihn hin viel mehr zu tragen übernommen hat, um einen Dienst am Ganzen zu tun – und das ist hoher Achtung wert.

Paramente

Das Wort „Paramente" kommt vom lateinischen Verb „parare", das u. a. „vorbereiten" und „zurüsten" bedeutet. Man bezeichnet damit alle textilen Gegenstände, die im Gottesdienst gebraucht werden: liturgische Kleidung und Insignien, aber auch Altartuch und Kelchwäsche.

Schon früh, nach der Konstantinischen Wende im 4. Jahrhundert, begann der Klerus, Amtszeichen und Kleidung der höheren Stände zu tragen.

Bald entstand eine eigene Kleidung für den liturgischen Dienst, das Festgewand des Gottesdienstes, das zudem die Funktion dessen, der es dort trägt, deutlich macht.

Heute tragen die Meßdiener/innen ihre Kutten oder Talare mit Rochett, die Lektoren mancherorts eine Art Mantelalbe, Diakone Dalmatik oder Mantelalbe mit Stola über der linken Schulter, die Priester Albe, Zingulum, Stola und Meßgewand oder Mantelalbe mit Langstola in den verschiedenen liturgischen Farben Weiß, Grün, Rot, Violett (selten: Rosa und Schwarz) – je nach der Zeit des Kirchenjahres.

In vielen Gemeinden gibt es Paramentenkreise von Frauen, die die nötigen Textilien pflegen und z. T. auch anfertigen. Auch in vielen Klöstern gibt es Werkstätten für Paramente. Dort wird im Raum des Gebetes das Gewand gewebt, gestickt und genäht, das von jemandem angezogen wird, der einen öffentlichen Dienst in der Liturgie übernommen hat.

Das alttestamentliche Buch der Psalmen mit seinen 150 Liedern, die zwischen 1000 und 200 v. Chr. entstanden sind, ist das wohl am häufigsten gebrauchte Buch der Bibel. Dem alten wie dem neuen Gottesvolk war und ist es Lied- und Gebetbuch. In den Psalmen pulsiert das ganze Leben als Gespräch mit Gott, fragend, antwortend, bittend. Lobpreis und Danklieder, Buß- und Klagelieder, Lieder von Vertrauen und erlittener Finsternis, Lieder der Thronbesteigung wie der Pilgerfahrt gehören dazu. In vielen Weisen werden menschliches Leben und göttliches Wirken betend besungen. Auch heute, nach schon fast 3000 Jahren, kann sich der Mensch darin ausdrücken.

Immer haben die Psalmen auch zum offiziellen Gebet der Kirchen gehört, das Breviergebet der Geistlichen und Ordensleute besteht zum großen Teil aus ihnen. Auch in vielen Kirchenliedern sind ihre Texte aufgegriffen. Dabei stellt sich, wer die Psalmen betet, in eine jahrtausendealte lange Reihe von Betern und gliedert sich und seine Gegenwart in diese Kette betender Lebenserfahrung ein.

Die Psalmen sind ein Buch der Bibel, d. h. offenbarte, gottgeschenkte Schrift. Man kann sagen: Gott selbst legt uns die Worte in den Mund, mit denen wir ihn fragen und das Leben beklagen, ihm danken und ihn preisen und miteinander feiern können.

Q

Quadragesima
Quatembertage
Quelle

„Quadragesima" heißt „40 Tage" und bezeichnet die Wochen vor Ostern, die wir hierzulande meist „Fastenzeit" nennen. Schon 325, zur Zeit des Konzils von Nicäa, gab es diese Zeit im Kirchenjahr. Auf vier prägende Ereignisse der Heilsgeschichte ist sie Hinweis: auf die 40jährige Wüstenwanderung der Israeliten nach dem Exodus aus Ägypten; auf die 40 Tage des Mose auf dem Sinai, in denen er Gottes Bundesgesetz empfing; auf den 40 Tage langen Weg des Propheten Elias durch die Wüste zur Gotteserfahrung auf dem Horeb und auf die 40 Tage, die Jesus nach der Jordantaufe vor Beginn seines öffentlichen Wirkens in der Wüste verbrachte.

Inhaltlich maßgebend waren von frühester Zeit an für diese Wochen die Vorbereitung auf die Taufe in der Osternacht wie dann auch die Wiedereingliederung der Büßer in die Gemeinde, die Aufnahme in die volle Kind- und Sohnschaft in der Versöhnung. Dabei ging die ganze Gemeinde solidarisch den Weg mit den Taufbewerbern und Büßenden. Im Mittelalter fanden zunehmend, was nahelag, die Passionsgedanken mehr und mehr Eingang in diese liturgische Zeit.

Immer geht es um den Weg auf Ostern hin – mit allem was uns nottut an Umkehr und Läuterung. Werkzeuge dieser Umkehr sind in vielen Variationen Fasten, Beten und gute Werke. Umkehr tut uns not, Umkehr als unumgängliche Vorbereitung auf Ostern hin.

„Quatember" kommt vom lateinischen „quattuor tem-
pora = vier Zeiten". Es war viermal, etwa zu Beginn der
Jahreszeiten, eine Zeit der Läuterung durch Fasten, Al-
mosen und Gebet, jeweils am Mittwoch, Freitag und
Samstag. Heute werden diese Tage in der 1. Advents-
und 1. Fastenwoche, der Woche vor Pfingsten und der
1. Oktoberwoche gehalten.

Der Ursprung dieser dem Kreislauf des Jahres eingefüg-
ten Erneuerungs- und Gebetstage ist nicht ganz klar.
Schriftlich werden sie erstmals erwähnt im 4. Jahrhundert, von Papst Leo dem Großen († 461) sind 25 Qua-
temberpredigten erhalten. Es geht ums Innehalten, um
kirchliche, gemeindliche Erneuerung, Besinnung, um
die Zurückholung des Lebens in die Spur des Heiligen
Geistes.

Man empfahl in neuerer Zeit an diesen Tagen das besondere Gebet um geistliche Berufungen. Mir scheint
wichtig, daß solche Tage konkret und alltagsbezogen
bleiben, daß in ihnen die je eigene Wirklichkeit und Be-
rufung im Horizont der großen Themen der Menschheit
(Frieden, Gerechtigkeit, Hunger, Schöpfung) durchbe-
tet werden.

Im Meßbuch sind vier jahreszeitbezogene Formulare für
Quatembermessen enthalten. Darüber hinaus rät die
Deutsche Bischofskonferenz für jede der vier Wochen
zu einem besonderen pastoralen Akzent, wie es z.B.
hierzulande der Beginn der jährlichen Aktionen von
Adveniat und Misereor sind.

Liturgie ist Gemeinschaft von Gott und Menschen, Gott wirkt sein Heil am Menschen, und der Mensch antwortet mit Gottesdienst.

„In der Liturgie erschöpft sich nicht das ganze Tun der Kirche" (LK 9), sagt das II. Vaticanum, doch „ist die Liturgie der Höhepunkt, dem das Tun der Kirche zustrebt, und zugleich die Quelle, aus der all ihre Kraft strömt" (LK 10). Im Dekret über die Ausbildung der Priester nennt das Konzil die Liturgie „die erste und notwendige Quelle des wahren christlichen Lebens" (16).

Aus diesem Grund kam der Erneuerung der Liturgie für die Vertiefung des christlichen Lebens im II. Vaticanum ein so großes Gewicht zu. Denn sie „enthält einen kraft göttlicher Einsetzung unveränderlichen Teil und Teile, die dem Wandel unterworfen sind. Diese Teile können sich im Laufe der Zeit ändern, oder sie müssen es sogar ..." (LK 21).

Es gibt äußere Bedingungen, daß die Quelle der Liturgie fließen kann. Es gibt auch innere Voraussetzungen und Bedingungen dafür, daß der Mensch aus dieser Quelle schöpfen kann. Das Konzil sagt: „Damit aber dieses Vollmaß der Verwirklichung errreicht wird, ist es notwendig, daß die Gläubigen mit recht bereiteter Seele zur hl. Liturgie hintreten, daß ihr Herz mit der Stimme zusammenklinge und daß sie mit der himmlischen Gnade zusammenwirken, um sie nicht vergeblich zu empfangen" (LK 11).

R

Raum
Reliquien
Rosenkranzandacht

Kirche ist Gemeinde, Kirche ist auch Raum. Sie ist der Raum, in den wir gehen, den wir geben, den wir bereiten. Liturgie ist Geschehen, Liturgie ist auch Raum, der Raum, in dem wir das Heil in Jesus Christus feiern und empfangen, in dem wir Gott und uns in der Christusgemeinschaft begegnen.

Immer bleibt einen Spannung bestehen zwischen dem einen Pol, daß Kirche der besondere Raum ist, in dem der Mensch aller Zeiten und Kulturen dem Heiligen begegnet, im „templum", im ausgegrenzten Bezirk, und dem anderen Pol, daß unser ganzes und heutiges Leben in Gottes Wirklichkeit Raum und Annahme und Gestalt finden soll und will. Die Spannung zwischen diesen beiden Polen wird oft sehr kontrovers verstanden. Sie läßt sich aber nicht auflösen, nur leben üben kann man sie. Wichtig ist es, immer wieder Formen zu finden, um in ihr zu leben.

Eine Weise, eine vielleicht schlichte und meist unauffällige Weise, dies zu tun, wäre es, neu und wach den Raum zu finden und wahrzunehmen, indem man den Raum bereitet. Den Raum, den es schon vor der Liturgie gibt und der auf sie hin steht und der danach bleibt. Daß wir ihn reinigen für die Feier, gehört dazu, daß wir ihn mit Blumen schmücken je nach Jahreszeit, den Altarraum, ein uns liebes Bild, daß Kerzen bereitstehen zur Feier, die entzündet werden können – und dies alles nicht in geschäftiger Hast und Oberflächlichkeit, sondern praktisch, mit Wärme und seelenvoll. Der Raum, den wir in unseren Kirchen schon alle Tage gewinnen können, ist groß.

Reliquie, lat. „reliquiae", heißt wörtlich übersetzt „Über-
bleibsel, Überrest". Man versteht darunter die Gebeine,
später auch Kleidung u. ä. von heiligen Menschen, die
über deren Tod hinaus als Träger heiliger und heilenden
Kraft erfahren wurden (vgl. 2 Kön 13,21). Es ist ein in
allen Religionen und Kulten existentes Phänomen, von
uraltem Fühlen und Wissen genährt.

Im Christentum begann die Reliquienverehrung im
2. Jahrhundert an den Gräbern der Märtyrer, die man ja
auch im Glauben an die Auferstehung des Leibes pfleg-
te. Ab etwa 400 wurden auch die Reliquien anderer Heiliger verehrt. Man baute Kirchen über den Gräbern, zer-
teilte und verteilte Reliquien an mehrere Orte, wo man
auch Anteil an deren Schutz- und Segenskraft erhalten
wollte. Seit dem 6. Jahrhundert wurden sie in die Altäre
der Kirchen eingefügt, seit 787 galt das als Vorschrift.
Einen Höhepunkt erfuhr die Reliquienverehrung im
13. Jahrhundert, erinnert sei nur an die künstlerisch her-
ausragenden Reliquienschreine der Gotik.

Das Ungesunde liegt stets in den Extremen, der radika-
len Ablehnung von Bild und solchen konkreten Zeichen
in der Zeit des Ikonoklasmus im 8./9. Jahrhundert oder
der Reformation einerseits wie auch andererseits in den
Übertreibungen, die fast magische Züge trugen. Die
Botschaft ist anders: Gottes Heiligkeit konnte und kann
Menschen ganz erfüllen mit Leib und Seele, Haut und
Haaren, bis auf die Knochen. Die Pietät ist dann ein
Zeichen gläubiger Hoffnung, in der auch wir unser
Menschsein leben.

Andachten sind Formen gemeinsamen Betens im nicht streng liturgischen Rahmen, die in Zeiten, als die kirchliche Liturgie lateinisch und für viele unverständlich war, Bedeutung gewonnen haben. Gute Formen gemeinsamen Betens zu finden, geistesgegenwärtig und den heutigen Menschen gemäß, scheint mir wieder nötig und dringlich zu sein. Die können ganz anders als „Andacht" heißen. Altes und Junges können in der Frömmigkeit gut Hand in Hand gehen.

Die Rosenkranzandacht ist eine der schon alten, in Jahrhunderten gewachsenen Formen, so wie heute gebetet, etwa seit 1600 üblich. Das wiederholende Gebet allein oder immer wieder auch in Gemeinschaft, das als mantrisches Beten auch in anderen Religionen bis heute lebendig ist, ist ein Gebet der Sammlung.

Die 15 Gesätze, d. h. 150 Ave-Maria, sind den 150 Psalmen des Psalters nachempfunden.

Rosenkranzbetend betet man sich in eine marianische Geisteshaltung und ihre stillen Geheimnisse hinein und wird so ganz offen für Christus und sein meist stilles Wirken in unserem Leben. Auch Romano Guardini riet zu dieser Andachtsform, denn – wie er 1960 in „Der Rosenkranz Unserer Lieben Frau" schrieb – es ist „ein Verweilen in der Lebenssphäre Mariens, deren Inhalt Christus war".

S

Sakramente
Sanctus
Segen

Unser Wort „Sakrament" kommt vom mittellateinischen „sacramentum" und meint ursprünglich ein religiöses Geheimnis. Weiterhin benennt es ein wirksames äußeres Zeichen gottgeschenkten Heiles.

Anschließend an die Frühscholastik, kam die Kirche Mitte des 12. Jahrhunderts zur Systematisierung der Sakramente in der heutigen katholischen Siebenzahl: Taufe, Firmung, Beichte, Eucharistie, Priesterweihe, Ehe und Krankensalbung. Davon sind in den Kirchen der Reformation nur die beiden Hauptsakramente Taufe und Eucharistie beibehalten worden.

Sakramente wirken nach katholischem Verstehen immer das Heil, weil Christus selbst in ihnen handelt. Auch die Kirche ist, so das Konzil, Sakrament, weil in ihr die Fleischwerdung Gottes, Jesus Christus, gegenwärtig bleibt. Immer geschehen alle Sakramente im Raum und in der Gemeinschaft der Kirche, ja, bauen sie auf, dienen den Menschen und ehren den lebendigen Gott. Gottes Gnade fließt reich durch die Sakramente in die Welt, unabhängig davon, wie wir sind. Aber unser Teil ist es, **wie** wir sie empfangen und in Kirche und Welt leben.

Im eucharistischen Hochgebet der Messe wird nach der Präfation von allen Mitfeiernden das „Heilig, heilig, heilig …" gesungen. Schon in der jüdischen Liturgie wurde der Engelsruf (Jes 6) aufgenommen und ging von dort ins christliche Beten über. Seit dem 4. Jahrhundert ist bezeugt, daß er ins Hochgebet aufgenommen wurde. Zum dreimaligen „Heilig", das mit Bezug auf die Dreifaltigkeit zu verstehen ist, kamen dann noch Vers 26 aus Psalm 118 und der Hosanna-Ruf (Mt 21,9).

Das Sanctus weist uns auf den ganz großen Zusammenhang hin: Im eucharistischen Hochgebet stehen und singen wir als gläubige Gemeinschaft mit der ganzen Schöpfung vor dem Thron des Lammes, und der Lobpreis von Erde und Himmel (vgl. Offb 4 und 5) klingen zusammen. Nach verschiedenen Entwicklungen aus dem Mittelalter hat nach der Liturgiereform das Sanctus, das akklamierende, aktive Mittun der ganzen Gottesdienstgemeinde im Hochgebet, wieder mehr Gewicht bekommen. Aus dem Gespür dafür, wie kostbar das ist, was wir im Sanctus besitzen, soll nach der Allgemeinen Einführung ins Meßbuch (AEM) das Sanctus auch nicht durch ein anderes Loblied ersetzt werden, das diesem inhaltlich nicht wirklich entspricht.

Unser deutsches Wort „Segen" kommt vom lateinischen „signum". In allen Kulturen gibt es Zeichen, in denen Gottes Nähe und Segen erfahren wurden, z. B. die Bundeslade für die Israeliten, die Götterstatuen der Römer, das Kreuz für uns Christen. Deren Zerstörung und Verlust wurden als schwerster Frevel erlebt.

„Segnen" heißt im Lateinischen aber auch „benedicere". In der Liturgie kommen daher die „Benediktion", das Segens- und Weihegebet, und das „Benediktionale", das Buch kirchlicher Segensriten, vor (gut katholisch kann man fast alles segnen lassen, denn der Segen gilt dem ganzen Leben).

„Benedicere" heißt „segnen" und auch „lobpreisen", wörtlich „gut sprechen". Der Mensch lobpreist seinen Gott, bindet sich preisend an ihn (lat. „religio", d. h. Rückbindung) und empfängt eben darin die Kraft des Segens (vgl. Psalm 134). Den Segen Gottes im Leben empfängt man ja nur im Maß der eigenen Offenheit. Jeder Gottesdienst will immer beides sein: Lobpreis Gottes und Segen für die Menschen. Darüber hinaus steht am Ende der meisten Gottesdienste ein ausdrücklicher Segen. Den gibt immer der ranghöchste Anwesende: Papst, Bischof, Priester, Diakon oder eben die jeweiligen Vorsteher/innen. In den Klöstern geben ihn die Oberen.

Sch

Schott
Schuldbekenntnis
Schweigen

Die bislang letzte Neuausgabe des „Schott" erschien 1984, 100 Jahre nach der ersten von 1884.

Anselm Schott OSB, geboren 1843, in die Benediktinerabtei Beuron eingetreten 1868 und Priester seit 1867, war seinerzeit beteiligt an verschiedenen benediktinischen Neugründungen. In Maredsous hatte er am „Missale Romanum monasticum" mitgearbeitet, später war er Lektor an der Beuroner theologischen Schule, seit 1892 in Maria Laach, wo er 1896 starb. 1884 brachte er die erste Ausgabe seines „Missale Romanum" heraus, ein lateinisch-deutsches „Meßbuch für Laien mitsamt Erklärungen", das zu einer der Hauptquellen und -hilfen in der liturgischen Bewegung im deutschsprachigen Raum wurde und als „Schott" große Verbreitung fand; 1937 hatte der Schott schon fast 40 Auflagen erlebt.

Er dient der Verlebendigung und Vertiefung der Liturgie, weil er mit seiner Fülle biblischer und liturgischer Texte zur Vorbereitung auf die Liturgie und zur besseren Teilnahme an ihr verhelfen kann. Die Texte der Liturgie sprechen uns ja an und beschenken uns meist in dem Maß, in dem wir unsererseits für sie zugänglich sind. Was wir als Gottes Gabe empfangen, müssen wir je neu lernen, zu hören und zu verstehen lernen, wenn es ein Geschenk für unser wirkliches Leben werden soll.

Nach dem Beginn folgt im Ritus der heiligen Messe ein allgemeines Schuldbekenntnis, das nach der Liturgiereform an die Stelle des Stufengebetes der Tridentinischen Messe getreten ist. Drei mögliche Formen dafür sind vorgegeben. Die erste ist das „Confiteor", das ausgesprochene Schuldbekenntnis der Gemeinde; die zweite ein kurzes Wechselgebet zwischen Priester und Gemeinde mit dem Bekenntnis, gesündigt zu haben, und der Bitte um Gottes Heil; die dritte eine Kyrie-Litanei, in der für das Bekenntnis die Bitte um Erbarmen steht, die sich aus der Schuldigkeit ergibt. Abgeschlossen wird dies allgemeine Schuldbekenntnis durch die vom Priester gesprochene Vergebungsbitte, die alle mit ihrem „Amen" beantworten.

Kein Mensch lebt, ohne in Gedanken, Worten, Werken und Versäumnissen schuldig zu werden an den Mitmenschen und vor Gott, dem Schöpfer des Lebens. Und wie es schon zu jeder gelingenden menschlichen Gemeinschaft gehört, daß einer vor dem anderen dazu steht und es irgendwie ausdrückt und es nicht ignoriert und übergeht, so gilt das auch für die gottesdienstliche Gemeinde. Anders kann Gemeinschaft nicht gelingen, anders als in solcher Ehrlichkeit können wir nicht wirklich empfänglich sein für das Heil. Aber im Ritus der Messe kann das nur mitvollziehen, wer bemüht bleibt, dies auch im alltäglichen Leben einzuüben.

In Bölls Erzählung „Dr. Murkes gesammeltes Schweigen" sammelt ein Redakteur am Rundfunk die seltenen Sekunden des Schweigens zwischen den vielen Worten und lauten Tönen der Sendungen. Das Schweigen ist kostbar. Es darf uns nicht verlorengehen, auch nicht in der Liturgie.

Ohne Schweigen und Stille verlieren Worte ihren inneren Raum, ihre Ruhe und Kraft.

Das heilige Schweigen spielt in vielen Kulturen eine Rolle. Auch in der himmlischen Liturgie, der Anbetung des Lammes, ist das nach der Offenbarung des Johannes (8,1) so.

Schweigen in der Liturgie will sein:
Besinnung, Sammlung, Gebet. Geben wir ihm bewußt und gern Raum. Wir brauchen das gemeinsame, betende Schweigen in der Gegenwart Gottes viel mehr, als wir das oft noch merken.

In der Feier der Eucharistie hat es mehrere mögliche Orte: die Besinnungspause beim Bußakt; eine Stille nach der Evangelienlesung, wie wir sie in unserem Kloster oft halten; eine kurze Stille nach dem Sprechen der Wandlungsworte; eine Zeit des Schweigens nach der Kommunion.

Übergehen wir das Schweigen nicht, denn es ist kostbar.

St

Statio
Stehen
Stola

Stationen sind Haltestellen, das weiß jeder. Im christlichen Altertum und Mittelalter gab es in etlichen Städten die Sitte, daß der Bischof reihum in den Gemeinden seiner Stadt Gottesdienste feierte, um den Zusammenhalt der ganzen Stadt zu fördern. Man versammelte sich dabei in einer der Kirchen, die man „collecta" (Sammlung) nannte, und zog von dort in die jeweilige Stationskirche.

Im benediktinischen Lebensraum spricht man von der „Statio", wenn sich die Klostergemeinde vor Beginn der Gottesdienste jeweils in einem Teil des Kreuzgangs sammelt und in Prozessionsordnung aufstellt, um dann gemeinsam zum Gebet in die Kirche einzuziehen.

In den Gemeindegottesdiensten tun dies die Priester und Ministranten/-innen von der Sakristei aus. Statio ist eine äußere und innere Sammlung und Bewegung. In irgendwelchen Formen ist sie für jeden wichtig. Wie wir etwas tun, liegt oft daran, wie wir es beginnen, wie wir ankommen.

Cassian schreibt schon im 5. Jahrhundert: „Was immer unser Geist vor der Stunde des Gebetes aufgenommen hat, das fällt uns während des Betens wieder ein. Daher müssen wir uns vor der Gebetszeit so vorbereiten, wie wir uns während des Gebetes verhalten wollen." Vermeiden wir also Unrast und Gerede, und sammeln wir uns, damit unser Gebet mehr Gebet werden kann.

Wir sind leibhaftige Menschen. Unser leibhaftiges Sein ist das Instrument, durch das die Melodie unseres Lebens klingt. Die Sprache der Gebärden, überall im Leben so bedeutsam, ist neben dem Wort auch ein wichtiger Ausdruck des Lebens in der Liturgie. Die Gebärden in der Liturgie sind nicht so spontan wie z. B. die von Kindern auf einem Spielplatz, sie sind uns schon vorgegeben. Es sind Grundgebärden gläubigen Menschseins. Sie wach und bewußt zu vollziehen tut uns gut.

Stehen. Im Gottesdienst stehen wir nicht herum, wir stehen vor Gott und beieinander. Wie bei den Juden war in der frühen Christenheit das Vor-Gott-Stehen die Urgebärde des Betens. Bilder in den Katakomben zeugen davon. Im Stehen liegt Wachheit, Aufmerksamkeit, Ehrfurcht vor dem Großen, Heiligen, die Bereitschaft, etwas entgegenzunehmen, ein Wort, einen Auftrag, eine Sache, die Bereitschaft, einen Schritt zu tun, auf jemanden zuzugehen.

Oft aber sind wir nicht wirklich, wo wir sind; wir sind „nicht dabei". Oft stehen wir nicht wirklich, wenn wir stehen – voreinander und vorm lebendigen Gott – , sondern „stehen herum". Wir Christen sollten nicht „herumstehen", sondern wirklich und aufrecht stehen, wie es im 2. Eucharistischen Hochgebet heißt: „Wir danken dir, daß du uns gerufen hast, vor dir zu stehen."

Stola

Die Stola ist im kirchlichen Raum ein ganz altes Amtszeichen, das seinen Ursprung in den dem höheren Klerus durch kaiserliches Recht zugestandenen Beamtenvorrechten hat. Von daher wurde es mit der Zeit zum äußeren Zeichen des Klerus beim liturgischen Dienst.

Anfangs war dies Amtszeichen in Material und Farbe unabhängig vom Meßgewand. Älteste erhaltene Stolen sind lange, schmale Goldborden. Später fertigte man sie aus dem gleichen Stoff wie die Gewänder, und z. T. wurden sie mit Ornamenten verziert. Nun trägt man sie in den jeweiligen liturgischen Farben: Weiß in der Oster- und Weihnachtszeit, an Herren-, Marien-, Heiligen- und Engelfesten; Rot an Palmsonntag, Karfreitag, Kreuzerhöhung, Pfingsten sowie den Apostel- und Märtyrerfesten; Violett in der Advents- und Fastenzeit; Grün in der Zeit des allgemeinen Kirchenjahres.

Der Diakon trägt die Stola wie eine Schärpe über der linken Schulter, Priester und Bischöfe tragen sie um den Nacken gelegt, vor der Brust herabhängend. Man trägt sie entweder unter der Dalmatik (Diakon) oder dem Meßgewand oder – heute wieder vermehrt – über einer Mantelalbe als das eigentliche Amtszeichen. Wenn der Priester beim Ankleiden zur Liturgie die Stola küßt, so bringt er damit sinnenfällig Achtung und Ehrfurcht vor dem Auftrag und heiligen Dienst zum Ausdruck, den er nun wieder in der Gemeinde ausübt.

T Tedeum
Tabernakel
Teilnahme

B. Fischer nennt das „Tedeum" einen Zwillingshymnus des „Gloria" (s. o.). Wie jenes enthält es einen an den Vater und einen an Christus gerichteten Teil. Man nennt es auch den „Ambrosianischen Lobgesang", weil es einer mittelalterlichen Legende zufolge dem hl. Ambrosius zugeschrieben wurde. Heute vermutet man im „Tedeum" ein altes Hochgebet für die Eucharistiefeier in der Osternacht.

Schon der hl. Benedikt († 547) sieht das „Tedeum" als Dankhymnus am Ende der Sonn- und Feiertagsvigilien (Nachtwachen) in seiner Ordensregel vor. Dort ist sein Platz im monastischen Breviergebet bis heute, im neuen römischen Stundengebet hat es seinen Ort am Ende der sogenannten „Lesehore".

Das „Tedeum" ist ältester Preisgesang, Dank und vertrauende Bitte. In der Barockzeit wurde es der Dankhymnus schlechthin, bei Krönungen, Hochzeiten etc. gesungen und z. T. sehr festlich vertont. Im „Gotteslob" greift das Lied Nr. 257 seine Gedanken auf.

Da singt der Mensch, singt die Gemeinde im großen Horizont der Heilswirklichkeit, eingebunden in die große Gemeinschaft der Heiligen, und bringt sich selbst und sein Leben in diese lange Reihe der Zeugen ein. Wirkliches Gotteslob birgt dabei in sich die mögliche Erfahrung einer Befreiung zum wirklichen Leben in seinem großen Zusammenhang.

Tabernakel heißt im Lateinischen wörtlich „Zelt" oder „Hütte". In katholischen Kirchen ist er der Aufbewahrungsort für das Gefäß mit dem eucharistischen Brot. Immer brennt in seiner Nähe das „Ewige Licht".

Anfangs bewahrten die Christen die Eucharistie in ihren Privathäusern in einem kostbaren Gefäß auf. Als dann das „Allerheiligste" in den Kirchen verwahrt wurde, geschah das bis ins späte Mittelalter hinein mancherorts in einem Nebenraum der Kirche. Seit dem 8. Jahrhundert stand das Gefäß mit der Eucharistie oft auf dem Altar selbst oder hing in einem Gefäß darüber oder wurde in einer Mauernische verwahrt. Das Laterankonzil schrieb 1215 den sicheren Verschluß des eucharistischen Brotes vor. Karl Borromäus, der große Bischof der Tridentiner Reform, wirkte darauf hin, daß der Tabernakel einen festen Platz auf dem Altar bekam.

Nach dem II. Vaticanum kann der Bischof auch einen anderen Ort erlauben, es soll aber ein besonders ehrenvoller Platz sein, in großen Kirchen ist es oft eine eigene Sakramentskapelle. Die Eucharistieinstruktion von 1967 weist darauf hin, daß es dem Wesen der Eucharistiefeier besser entspricht, wenn das eucharistische Brot nicht schon vom Beginn der Messe an auf dem Altar gegenwärtig ist.

Darüber hinaus ist der Tabernakel in unseren Kirchen im Laufe der Jahrhunderte zu einem Ort geworden, an dem zahllose Beter Gottes Nähe, Kraft und Liebe erfahren durften.

Wer immer kommt zu einem Gottesdienst, nimmt teil, niemand ist außen. Aber die Grade des Teilnehmens können sehr verschieden sein. Dabei liegt für alle das entscheidendste Engagement im Innern. Aber so wie jedes äußere Tun – nicht nur im Gottesdienst – innerlich bleiben muß, wird jedes innere Engagement seinen leibhaftigen Ausdruck zu finden haben.

Die Liturgische Konstitution des letzten Konzils spricht an mehreren Stellen von der „tätigen Teilnahme" (schon Pius X. prägte diesen Ausdruck), in der jeder das Seine tut. Vielerorts und oft werden die gegebenen Möglichkeiten dazu jedoch nicht sehr gelebt.

Als Beispiel des Möglichen will ich die Formen der tätigen Teilnahme in der Eucharistiefeier in unserem Kloster (31 Schwestern) nennen:
Eine betreut die Sakristei, eine richtet den Blumenschmuck, eine dient als Ministrantin, eine assistiert ggf. mit Weihrauch, eine liest die Lesung (sonntags: zwei), eine bereitet und betet die Fürbitten, eine bringt die Gaben zum Altar (sonntags: zwei), eine schellt bei der Wandlung, eine teilt die Kommunion mit aus (sonntags: zwei), eine spielt die Orgel, die Schola singt vor – und natürlich: Alle singen, beten, antworten, stehen auf, setzen sich oder knien.

Es ist eine von innen her lebendige Liturgie.

U

Übersetzung
Umschreiten
Unterweisung

In vielen geschichtlichen Variationen war die Übersetzung der Heiligen Schrift ein Thema der Christenheit. Das Evangelium will verkündet sein. Man kann aber nur annehmen, verinnerlichen und bezeugen, was man versteht.

Fürs Alte Testament übernahmen die Christen zumeist die jüdische „Septuaginta" (70 v. Chr.). Weitere bekannte Bibelübersetzungen sind die des Hieronymus (4. Jahrhundert), seit dem 13. Jahrhundert „Vulgata – die Verbreitete" genannt, und die „Vetus Latina". Für die Kirchen der Reformation wurde die Lutherübersetzung ins Deutsche maßgeblich.

Gute Übersetzungen sind bleibend eine Aufgabe. Das letzte Konzil schrieb in einem Text: „Die Kirche bemüht sich in mütterlicher Sorge, daß brauchbare und genaue Übersetzungen in die verschiedenen Sprachen erarbeitet werden, mit Vorrang aus dem Urtext der Heiligen Bücher" (Dei verbum 22). In lateinischer Sprache wurde 1979 die sog. „Neo-Vulgata" approbiert, für den deutschen Sprachraum 1978 die sog. „Einheitsübersetzung" offizieller Text der Verkündigung.

Wir brauchen gute Übersetzungen der Heilswahrheit in zweifacher Hinsicht: einmal die Fachleuten vorbehaltene Übersetzung in die Muttersprachen, dann aber auch die uns allen aufgegebene Übersetzung ins Leben und seine Alltäglichkeit.

Umschreiten

In der reichen Vielfalt der Gesten und Bewegungen religiösen Ausdrucks, wie es sie ja tatsächlich in den Kulturen aller Zeiten und Regionen immer gab und gibt, ist das Umschreiten eine der alten und archaischen.

Einerseits werden dabei durch das Umschreiten ein Ort, ein Gegenstand aus dem profanen Alltag ausgegrenzt, geheiligt und verehrt, wie beispielsweise der Altar beim Inzens mit Weihrauch oder Brot und Wein bei der Gabenbereitung in der Eucharistiefeier. Andererseits erfährt der Mensch, daß er teilhat an der Kraft, der Energie, dem Segen des geheiligten Ortes, den er da umschreitet. In evangelischen Gemeinden Oberhessens erfuhr ich von dem Brauch, daß ein Brautpaar nach der Trauung einmal ganz um den Altar herumzieht.

Schon die Römer kannten einen Umzug um ihre Stadt, der sie aufs neue heiligte und segnete. Auch in unseren Flurprozessionen klingt dieses alte Motiv mit. Bei der Einweihung einer Kirche, eines Friedhofs o. ä. gibt es das Umschreiten ebenfalls. In der lateinischen Liturgie kommt es nur noch als Umschreiten des Altares vor.

Liturgische Unterweisung ist eine bleibende Aufgabe für alle Gemeinden, für alle Beteiligten. Zum Teil unterweist die lebendige und würdige Feier der Liturgie selbst schon die Menschen. Doch in einer Zeit, in der das Machbare und bloß Methodische groß-, die Geheimnisse des Lebens und Heils aber leicht zu kleingeschrieben werden, in der das Schnellebige leicht, das langsam Wachsende aber oft schwer Beachtung findet, ist es um so wichtiger, zu Wesen und Wert der Liturgie hinzuführen.

Unterweisung tut not. Zum einen geht es um lebendige Einweisung in Strukturen, Formen, Zeichen und Gebärden. Zum anderen ist es nötig, Hilfen zu geben, um die eigenen Sinne selbst aufzuschließen. Von soviel Lärm, Geräusch, Gezeter und Stimmen umgeben, müssen viele erst wieder zu hören üben, um das Wort Gottes persönlich aufnehmen zu können. Wer im vom Fernsehen überfrachteten Zuschauen lebt, muß erst besser zu sehen und selbst teilzunehmen lernen, ehe ihm Antwort und Gebärde zu eigen werden können.

Die Liturgie ist eine Quelle lebendigen Heils. Im Menschen gibt es auch eine dementsprechende Quelle, aber die ist oft verschüttet vom Vielerlei, ihm selbst nicht mehr zugänglich.

R. Guardini fragte 1964 in einem Brief die Liturgiefähigkeit des heutigen Menschen an. Ich meine, er ist ihrer fähig, aber schlicht und kontinuierlich tun Unterweisung und Übung not.

V

Vaterunser
Velum
Vesper

Das Gebet des Herrn, das Vaterunser, ist im Neuen Testament in zwei Evangelien überliefert, dem nach Matthäus (6,9-13) und dem nach Lukas (11,2-4). Die Christen beten es weitgehend in der Fassung nach Matthäus. Es ist das von Jesus selbst geschenkte Gebet der in Gott beheimateten und geborgenen Jüngergemeinde, die die Vollendung seines Reiches ersehnt und erbittet. Auch in der Liturgie ist es ältestes christliches Gebetsgut.

Benedikt von Nursia († 547) schreibt in seiner Ordensregel, daß in allen acht täglichen Gebetszeiten am Schluß das Vaterunser gebetet werden soll wegen der Bitte und Gewährung der Vergebung der Sünden. Und diese Tradition war damals schon jahrhundertealt.

In der Eucharistiefeier hat es zusammen mit dem Friedenskuß früh seinen Platz vor der Kommunion (Rom). Die enge Beziehung von Vaterunser und Kommunion sehen die Kirchenväter in der Brotbitte wie auch der Bitte und Gewährung von Vergebung. In Konstantinopel betete man das Vaterunser gleich nach dem Hochgebet, und Papst Gregor der Große hat es im 6. Jahrhundert so für die lateinische Kirche übernommen. Es gab im Laufe der Zeit verschiedene Weisen, in der Liturgie das Vaterunser zu beten. Heute wird es mit einer Einleitung und einem Abschluß von seiten des Priesters oder Vorstehers von der ganzen Gemeinde gebetet. Uns allen hat Jesus Christus dieses Gebet geschenkt.

„Velum" ist der lateinische Name für ein Tuch, das zum Verhüllen dient. In der Liturgie kommt es heute meist noch in drei Weisen vor. Einmal gibt es das „Kelchvelum", mit dem verhüllt der Kelch vor der Gabenbereitung auf einem Seitentisch steht. Dann gibt es das Velum als „Ziborienmäntelchen", das den Kelch bedeckt, in dem die konsekrierten Hostien im Tabernakel aufbewahrt werden. Und schließlich kennen wir noch das „Segensvelum", ein über die Schultern gelegtes stolenartiges Tuch, mit dem der Priester aus Ehrfurcht vor dem Allerheiligsten die Hände verhüllt, wenn er die Monstranz trägt oder mit ihr die Gläubigen segnet.

Als Symbol ist das Velum eine Art Schleier, der das Kostbare verhüllt und birgt vor dem allzu direkten und ehrfurchtslosen Anblick. Solche in der Liturgie bewahrten Zeichen wären heute sinnvoll wiederzuentdecken, wenn in einer Zeit wie der unsrigen allzuviel nach Enthüllung giert und viel der Faszination der Bloßstellung auf allen möglichen Lebensebenen ausgesetzt ist. Christo verhüllte den Reichstag, das war eine Sensation. Früher wußte man um die Verhüllung als eine Geste der Trauer, Demut oder Ehrfurcht. Wir brauchen solche natürlichen Gesten im unspektakulären Alltag. In der Liturgie können wir sie ebenfalls finden und wahrnehmen.

Anschließend an die jüdische Tradition, der jeder Tag als ein Kompendium der Heilsgeschichte galt, traf man sich schon früh in der Christenheit zu gemeinsamen Gebetszeiten morgens und abends. In den Basiliken und Klöstern erwuchs daraus das achtmalige tägliche Stundengebet (vgl. Ps 118,62.164), in dem alle Tageszeiten auch in einem gemeinsamen Gebet Gott zugewandt wurden.

Das letzte Konzil betont deutlich, daß das Stundengebet grundsätzlich das Gebet der ganzen Gemeinde, des mystischen Leibes Christi, ist, und lädt die Gemeinden wieder stärker dazu ein. Wenn der Priester oder wer immer es allein betet, geschieht das stellvertretend.

Die Vesper (lat. „ad vesperas" – beim Abendstern) ist eine der Hauptgebetszeiten und von manchen Gemeinden schon wiederentdeckt worden. Sie ist das auch symbolisch verstandene abendliche Einstimmen in den Lobpreis nach dem Tagewerk.

Nach Th. Schnitzler sind seit dem 2. Jahrhundert drei Motivkreise für die Gebetszeiten prägend. In der Vesper sind das im Rahmen des Urthemas von Schöpfung, Licht und Dunkel: Dank für das Licht und Bitte um das Licht (darum werden immer Kerzen angezündet). Im Rahmen der Heilsereignisse von Christi Leben: die Menschwerdung. Im Rahmen der Karfreitagsereignisse: die Kreuzabnahme. Von daher kommt das Bild der Schmerzensmutter mit dem toten Sohn im Schoß dann zu seinem Namen „Vesperbild".

W   Wallfahrt
Weihwasser
Weihnachtsfestkreis

„Wie war ich froh, als man mir sagte, wir pilgern zum Haus des Herrn", so beginnt eines der jüdischen Wallfahrtslieder, Psalm 121. In allen Religionen und Kulten gab und gibt es Wallfahrten von einzelnen oder Gruppen hin zu einem Heiligtum.

Zwar ist die ganze Welt Gotteswelt, aber es gibt Orte, an denen die Gnade sich besonders dicht offenbart. Und dorthin pilgert man, oft zu Fuß, um, geläutert durch den gegangenen Weg, dem Heiligen zu begegnen und Heil zu empfangen. Wallfahren heißt, zu pilgern, unterwegs zu sein auf ein Ziel hin. Und immer gipfelt die Wallfahrt in einer Liturgie.

Christen wallfahren nicht aus einer Gottferne in eine Gottesnähe. Doch kann auch bei ihnen Wallfahren den Sinn dafür schärfen, daß wir auf Erden immer Pilger bleiben, beweglich und unterwegs, und all unser Ankommen hier vorläufig ist.

Schon im 4. Jahrhundert pilgerten Christen zu den Orten, an denen Jesus gelebt hatte. Später wallfahrteten sie nach Rom zu den Apostelgräbern, nach Tours zum Grab des hl. Martin, und als die Wallfahrt ins Hl. Land nicht möglich war, begannen sie zahllos nach Santiago di Compostela zum Grab des hl. Jakobus zu ziehen. Wieder später begannen die Wallfahrten zu den Orten der Marienerscheinungen.

Sinn des Pilgerns ist leibhaftige Wegerfahrung, die zu Läuterung, intensiverem Glauben und kirchlicher Gemeinschaft führt – auf den Weg, der immer schon Christus ist.

In katholischen Kirchen steht in der Nähe des Eingangs immer irgendwo ein Weihwasserbecken. Manchmal sagt dort z. B. eine Mutter ihrem Kind: „Segne dich!" Kann man das denn, sich selbst segnen? Wenn man es versteht als „se signare – sich bezeichnen" hat das guten Sinn. Man segnet sich mit den zuvor ins Wasser getauchten Fingern und will ausdrücken: Ich stelle mich unter das Zeichen des Kreuzes, in den Raum meiner Taufe, das soll meine Wahrheit sein. Aber wie alle Sakramentalien (heilige Zeichen) wirkt solches Tun nicht aus sich. Wenn wir es nicht aufmerksam und bewußt vollziehen, bleibt es eine hohle, leere Form.

Aus dem Wasser kam das Leben. In vielen Religionen dient es als Symbol der Reinigung, Entsühnung und Erneuerung. Der Durchzug der Israeliten durch das Rote Meer ist Sinnbild der Rettung Israels und wurde zum Vorbild der Taufe, des in Christus neuen, erlösten Lebens. Ein altes römisches Taufwasserweihegebet nennt den Taufquell auch einen Mutterschoß.

Bei der Segnung des Weihwassers betet die Kirche: „Durch Jesus Christus hast du im Jordan die Wasser geheiligt, damit durch das Wasser der Wiedergeburt sündige Menschen neu geschaffen werden. Segne, Herr, dieses Wasser, damit es uns ein Zeichen sei für die Taufe, die wir empfangen haben. Darum bitten wir durch Christus, unseren Herrn. Amen."

Seit dem 4. Jahrhundert feiert die Kirche Weihnachten, in Rom nachweislich ab dem 25. Dezember 336. Darin schwingt auch eine Reaktion mit auf das von Kaiser Aurelian 274 eingeführte heidnische staatliche Fest des „Natale Solis invicti", des unbesiegten Sonnengottes. Christus ist uns die Sonne, in seiner Menschwerdung lichtet sich unsere Nacht zur Erlösung hin. Bald schon fand das Fest starke Verbreitung, weil die Gottmenschheit Jesu, das Offenbarwerden der Herrlichkeit Gottes, z. T. auch wegen der damaligen Irrlehrer sehr gefeiert wurde, die die wahre Menschheit Christi leugneten.

Ähnlich dem Osterfestkreis bildete sich im Laufe der Geschichte auch ein Weihnachtsfestkreis heraus. Er beginnt mit dem Advent, in dem neben der großen Erwartung der Wiederkunft Christi (Parusie) auch die Sehnsucht und Vorbereitung auf das Fest seiner Geburt mitklingen. Und er schließt mit dem Sonntag nach Epiphanie, dem Fest der Taufe des Herrn. Im Laufe des Jahres gehören zum weihnachtlichen Themenkreis noch das Fest der Verkündigung des Herrn am 25. 3. und das Fest der Darstellung des Herrn (früher Mariä Lichtmeß genannt) am 2. 2., mit dem vor der Neuordnung des Kalenders von 1969 der Weihnachtsfestkreis endete.

Z

Zeit
Zeugnis
Zwischengesang

Unsere Zeit geht immer dahin, erfüllt oder unerfüllt, klar oder im Ungeklärten, in Freude, in Schmerz, im Werden und Vergehen, im Guten wie im Bösen, immerzu.

Aber alle meine Zeit ist in Gottes Händen (Ps 31,16), gehalten in seiner ewigen, bleibenden Liebe. Seine Nähe bestimmt ihre innere Qualität. Immer will von ihm her Heilszeit sein.

Wie das Christentum kennen alle Kulturen besondere „heilige Zeiten", in denen man gemeinsam dem immer Heiligen (oder seinem Ersatz) Raum gibt. Christlich verstanden sind die verschiedenen Gebetszeiten, wie sie das Stundengebet (in Laudes, Terz, Sext, Non, Vesper, Komplet und Vigil) kennt, Nahrung und Aktualisierung des „Betet ohne Unterlaß" (1 Thess 5,17). Solche liturgischen Gebetszeiten, erwachsen aus israelitischer Frömmigkeit, lebten zuerst in den Gemeinden. Später wurden sie in den Basiliken und Klöstern erweitert und besonders gepflegt. In Konstantinopel hielten die sog. „Akoimiten" (d. h. die Schlaflosen) rund um die Uhr abwechselnd Gottesdienst, um auszudrücken, daß alle Zeit ganz gottbezogen ist. In der westlichen Spiritualität entwickelte sich vergleichsweise die Ewige Anbetung in Klöstern und das Ewige Gebet in den Diözesen.

Immer wenn wir zusammenkommen, in Christus miteinander beten, Gott preisen oder ihm die Not der Welt und unseres Herzen antragen, wenn wir als Gemeinde Eucharistie, Danksagung, das Vermächtnis Christi und seine dichteste Gegenwart preisen, immer legen wir dann auch Zeugnis ab.

In der Liturgie feiern Himmel und Erde, wirkt Gott sein Heil, schenkt er Leben, Gnade und Gemeinschaft, und wir Menschen geben unsere Antwort.

Diese Antwort trägt der Mensch weiter, wo er geht oder steht, ruht oder arbeitet, immer ist er im Zeugenstand, selbst ungefragt wird und soll sein Leben Zeugnis sein.

Im Johannesevangelium, wo er von den anstehenden Schwierigkeiten der künftigen Christen spricht, sagt Jesus: „Auch ihr sollt Zeugnis ablegen" (Joh 15,27), im Osterkapitel bei Lukas: „Ihr seid Zeugen dafür" (Lk 24,18).

Wie steht es um unser Zeugnis? Wovon zeugen denn unsere stillen Gedanken, die gesprochenen Worte, die alltäglichen Taten? Von welchem Glauben, welcher Erfahrung, welchem Gott? In der alten Ostersequenz des Wipo von Burgund (vor 1050) wird Maria von Magdala befragt: „Sag uns an, was hast du auf dem Weg gesehen?" Und sie weiß etwas und bezeugt es: „Ich sah das Grab, und Christus sah ich, der lebt. In seiner Klarheit sah ich den erstandenen Herrn." Und wir, was wüßten wir zu sagen?

So nennt man zusammenfassend die zwischen den sonn- und feiertäglichen zwei Lesungen gesungenen Antwortpsalm und auch den vor dem Evangelium gesungenen Vers mit dem Alleluja.

Früher sang man, heute ist es noch in den Choralgesängen üblich, das sogenannte „Graduale", eine musikalisch meist reichgestaltete Kurzform des heute längeren Anwortpsalms. In der allelujalosen österlichen Bußzeit tritt an dessen Stelle der „Tractus", im Choral ein meist von einer Schola (Vorsängergruppe) oder dem Kantor gesungenes Stück. In der Osteroktav und an Pfingsten kann vor dem Evangelium zusätzlich noch eine „Sequenz" gesungen werden. Die Sequenzen, von denen es im germanischen Raum zahlreiche gab, bildeten sich im hohen Mittelalter heraus, das Trienter Meßbuch übernahm aber nur einige.

Die Zwischengesänge sind Echos auf die gelesenen Lesungen, das uns in ihnen verkündete Heil, sie sind eine meditative Antwort oder – im Blick auf das Evangelium – gesungene Einstimmung der Gemeinde, die sich vorbereitet, das Geschenk des Evangeliums Jesu Christi zu empfangen.

Abler, Martin: Gottesdienst erleben – leben aus dem Gottesdienst. Der Ort der Laien in der Liturgie.
Reihe Engagement, Regensburg 1980, 90 Seiten

In acht Kapiteln bemüht sich der Autor hier, ein tieferes Verstehen und einen tieferen Vollzug des Gottesdienstes zu eröffnen und zu ermöglichen, und zwar im Hinblick auf Rechte und Pflichten des Laien und seine tätige Teilnahme an den liturgischen Feiern.

Adam, Adolf: Erneuerte Liturgie. Eine Orientierung über den Gottesdienst heute.
Freiburg 1972, 208 Seiten

Das Buch informiert umfassend und genau über alle Bereiche der seit dem 2. Vatikanischen Konzil in Kraft getretenen Reformen in einer erneuerten Liturgie.

Adam, Adolf: Grundriß Liturgie.
Freiburg 1988, 3. Auflage, 334 Seiten

In der komprimierten Form eines Grundrisses, wissenschaftlich fundiert, aber allgemein verständlich geschrieben, ist dies ein klassisches Werk über die Liturgie als „Höhepunkt und Quelle" kirchlichen Lebens. Behandelt werden Grundfragen der allgemeinen Liturgik, wie z. B. Wesen, Bedeutung und Geschichte der Liturgie, liturgische Sprache und Zeichen, Liturgie und Ökumene, wie auch alle Themen der speziellen Liturgie, wie z. B. Sakramente, Sakramentalien, Stundengebet u. a. m.
Es ist ein Buch, das von großem Wissen zeugt und zukunftsweisende Perspektiven aufzeigt.

Adam, Adolf / Berger, Rupert: Pastoralliturgisches Handlexikon.
Freiburg 1991, 5. Auflage, 570 Seiten

Dies Nachschlagewerk ist auch für Pfarrbüchereien und Liturgiekreise sehr zu empfehlen. In 720 Artikeln, die zusätzlich durch 324 verweisende Stichworte erschlossen werden, bietet es den Lesern zuverlässige Information über pastorale Anliegen, theologische Grundlagen, über Ursprünge und geschichtliche Entwicklungen, über Sinn, Gestalt und Ordnung der heutigen Gottesdienste. Auch sind den Stichworten, die erklärt werden, jeweils weiterführende Literaturangaben angefügt, und dem Ganzen ist ein übersichtliches Artikelverzeichnis vorangestellt. So läßt sich mit diesem inhaltlich hervorragenden Standardwerk auch praktisch sehr gut arbeiten.

Das Leben feiern.
Heft 4 / April 1997 der Zeitschrift „Glauben leben" – Zeitschrift für Ordensfrauen und Frauen in der Kirche, Kevelaer

Das Heft enthält u. a. bemerkenswerte Beiträge zu den Stichworten „Kirchenraum", „Raum in der Kirche" und über „Die personale Dimension der Paramente".

Fischer, Balthasar: Von der Schale zum Kern. Kurzansprachen zu Zeichen und Worten der Liturgie.
Freiburg 1980, 2. Auflage, 96 Seiten

Zehn Kurzpredigten zu Zeichen der Liturgie, zehn zu Worten der Liturgie und zehn Ansprachen für Kinder legt der Liturgiewissenschaftler B. Fischer hier vor, die eine große geistliche Lebendigkeit ausstrahlen, die hilfreich sind für jeden, der Sinn hat für den Gottesdienst, die ein wirkliches Geschenk sein können auch für das Gespräch in kleineren Kreisen in den Gemeinden.

Gerhards, A. / Heisterkamp, B. / Jutkowiak, M. / Meurer, W.: Feier-Formen. Impulse für die Gottesdienstgestaltung.
Aachen 1987, 191 Seiten

Auf dem 89. Deutschen Katholikentag in Aachen 1986 wurde eine Vielzahl von Gottesdiensten gefeiert, und es konnte eine große Vielfalt an liturgischen Gottesdienstformen miterlebt werden. In diesem Buch ist nun das Spektrum der liturgischen Angebote dieses Katholikentags gesammelt, ausgewählt und für die Gemeindearbeit dokumentiert.

Gottesdienst.
Information und Handreichung der Liturgischen Institute Deutschlands, Österreichs und der Schweiz. Die Zeitschrift erscheint sechsmal im Vierteljahr in Trier.

Guardini, Romano: Liturgische Bildung. Versuche.
Burg Rothenfels am Main 1923, 92 Seiten

Guardini, der religiöse Philosoph, der im Zentrum der großen liturgischen Bewegung in den ersten Jahrzehnten unseres Jahrhunderts stand, führt in diesem Buch fort, was er in „Vom Geist der Liturgie" (s. u.) begonnen hatte, getreu der Erfahrung, daß es in der Liturgie mehr als um Wissen um Wirklichkeit geht. Dieser „Versuch" ist eine großartige Unterweisung für ein lebendiges Hineinwachsen in die große Wirklichkeit der Liturgie.

Guardini, Romano: Vom Geist der Liturgie.
Freiburg 1957, 2. Auflage als Tb., 143 Seiten

Dieses Buch Guardinis ist ein klassisches Zeugnis der liturgischen Bewegung. Es ist in vielen Auflagen erschienen, schon durch mehrere Generationen weitergegeben worden und noch immer äußerst lesenswert. Es hilft, in den tiefen Sinn gottesdienstlicher Worte und Formen hineinzufinden, erschließt den Reichtum der Liturgie und die Schönheit ihrer Symbolwelt, hilft, sich einzuleben in den Strom kirchlichen Betens, aus der Vereinsamung herauszutreten in die große Gemeinschaft.
Beten, Gemeinschaft, Stil, Spiel und Ernst der Liturgie sind die Stichworte dazu.

Guardini, Romano: Von heiligen Zeichen.
Mainz 1927, 60 Seiten

Schon über 70 Jahre sind diese Texte des damals 32jährigen Guardini alt, aber was sie uns sagen, ist von bleibendem Wert und gültiger Tiefe, bezogen auf Leben und Wesen jedes gläubigen oder um seine Glaubensgestalt bemühten Menschen, der die Eucharistie mitfeiert und nach innerlichem, existentiellem Mitvollzug sucht. Die Überschriften der etwa zwei Seiten kurzen Texte seien hier zur Übersicht genannt:
Vom Kreuzzeichen – Die Hand –
Das Knien – Das Stehen – Das Schreiten – An die Brust schlagen – Die Stufen – Die Pforte – Die Kerze – Das Weihwasser – Die Flamme –
Die Asche – Der Weihrauch – Licht und Glut – Brot und Wein – Der Altar – Das Linnen – Der Kelch – Die Schale – Der Segen – Heiliger Raum – Die Glocken – Geheiligte Zeit – Vom Namen Gottes

Kleines Konzilskompendium, herausgegeben von Karl Rahner und Herbert Vorgrimler. Sämtliche Texte des Zweiten Vaticanums mit Einführungen und ausführlichem Sachregister.
Freiburg 1975, 10. Auflage, 775 Seiten

Neben einer allgemeinen Einführung enthält das Kompendium je eine eigene Einführung zu den 16 Konzilsdokumenten, dazu noch einen Nachtrag vom Oktober 1968 über „Die nachkonziliare Arbeit der römischen Kirchenleitung".

Der erste Konzilstext ist die Konstitution über die heilige Liturgie: „Sacrosanctum Concilium" (ebenda S. 51-104), doch ist natürlich darüber hinaus auch in anderen Konzilstexten von der Liturgie die Rede. Um nur ein Beispiel zu nennen: die dogmatische Konstitution über die göttliche Offenbarung: „Dei Verbum", Kapitel VI : „Die Heilige Schrift im Leben der Kirche".

Kuhne, Alexander (Hg.): Die liturgischen Dienste. Liturgie als Handlung des ganzen Gottesvolkes.
Paderborn 1985, 205 Seiten

In 17 Kapiteln, die von verschiedenen Autoren verfaßt sind, enthält der Band Beiträge zum liturgischen Dienst des Bischofs, des Priesters, des Diakons, der Gemeinde, des Akolythen, der Kommunionhelfer/innen, der Mininstranten/-innen, der Lektoren/-innen, der Kantoren/-innen, des Organisten, der Schola, des Kirchenchores, des Küsters. Ein weiterer Abschnitt des Buches handelt dann vom Liturgieausschuß in der Gemeinde. Der letzte schließlich steht unter dem Thema: „Die liturgischen Dienste im Geiste der Ehrfurcht". Ein informatives, hilfreiches Buch.

Richter, Klemens: Was bedeutet die Liturgie für mein Leben? Zu Fragen aus der Gemeinde von heute.
In der Reihe: Gemeinde im Gottesdienst, Freiburg 1983, 128 Seiten

Auch wenn das „Heute" des vorliegenden Buches heute schon 15 Jahre her ist, sind die aufgegriffenen Fragen, die da in 38 Kurzkapiteln angesprochen werden, nach wie vor aktuell. Da wird mit wissenschaftlicher Erkenntnis und praktischer Erfahrung in den Antworten versucht, die beiden Richtungen der Liturgie zu verlebendigen: von Gott zum Menschen und vom Menschen zu Gott hin.

Richter, Klemens: Was ich von der Messe wissen wollte. Zu Fragen der Gemeinde von heute.
In der Reihe: Gemeinde im Gottesdienst, Freiburg 1982, 144 Seiten

Auch dies ist eine praxisbezogene gute Handreichung zu einzelnen Teilen des Meßritus, eine Auswahl der Texte, in der K. Richter auf diesbezügliche Anfragen der Leser des „Christ in der Gegenwart" antwortete.

Ruppert, Rudolf: Lebendige Liturgie – ein Lernprozeß der ganzen Gemeinde. Überlegungen zur Praxis der liturgischen Erwachsenenbildung.
In der Reihe: Beiträge zur praktischen Theologie, Frankfurt a. M. 1975, 144 Seiten

Schnitzler, Theodor: Eucharistie in der Geschichte. Ein kirchen- und eucharistiegeschichtliches Werkbuch zum Eucharistischen Kongreß in München 1960.
Köln 1960, 153 Seiten

In erzählenden Texten, die meist an irgendein konkretes Datum der Kirchengeschichte angeknüpft sind, findet sich in diesem schon älteren Buch des verstorbenen Liturgiegeschichtlers Th. Schnitzler gut lesbar und lehrreich, wie unsere Eucharistiefeier im Laufe der geschichtlichen Ereignisse wuchs und wurde.

Schnitzler, Theodor: Kirchenjahr und Brauchtum neu entdeckt. In Stichworten, Übersichten und Bildern.
Freiburg 1977, 48 Seiten

In ausgezeichneter, konzentrierter und kenntnisreicher Weise findet sich die vielfältige Verbindung von Kirchenjahr und Brauchtum in diesem Buch aufgezeichnet. Es ist eine empfehlenswerte Fundgrube zuverlässiger und anschaulicher Erklärungen. Besonders hilfreich ist dabei auch die stichwortartige, übersichtliche Darstellung des Ganzen, die mit über 80 Abbildungen zudem reich illustriert ist.

Schnitzler, Theodor: Was das Stundengebet bedeutet. Hilfe zu geistlichem Neubeginn.
Freiburg 1980, 222 Seiten

Dieses Buch entstand nach der Einführung des neugeordneten Stundengebetes und hilft, Werden, Formen und die einzelnen Teile des Stundengebetes besser kennenzulernen und zu verstehen.

Die zwölf Kapitel des Buches sind:
Aus der außerchristlichen Geschichte des Stundengebetes – Aus der altchristlichen Geschichte des Stundengebetes – Das weltumfassende Beispiel der Heiligen Stadt – Die Mönche als Erben – Stundengebet und Volk im Mittelalter – Das Brevier – Sinn und Wesen des Stundengebetes – Die einzelnen Teile des Stundengebetes – Alltägliche und festliche Durchführung des Stundengebetes – Stundengebet macht Geschichte – Textdeutung – Wege zur Betrachtung – Vorschläge für den Gesang

Schütz, Christian (Hg.): Praktisches Lexikon der Spiritualität.
Freiburg 1988, 1 503 Seiten

Dieses bemerkenswerte Lexikon informiert über die Ausdrucksweisen der Religiosität und Frömmigkeitsformen, die sich im Laufe der Jahrhunderte entwickelt haben. Es nennt die Meister und Richtungen der Spiritualität. Es führt kenntnisreich und einfühlsam viele Weisen des Gebetes und der Meditation in seinen Stichworten auf. So ist es eine wirkliche Orientierungshilfe für die christliche Glaubens- und Lebenspraxis.

Senger, Basilius: Kommunionhelfer und ihr liturgischer Dienst.
Kevelaer 1982, 73 Seiten

Weidinger, Gertrud / Weidinger, Norbert: Gesten, Zeichen und Symbole im Gottesdienst. Handbuch für die Ministranten- und Jugendarbeit.
München 1980, 170 Seiten

Im Hinblick auf die beiden Altersgruppen der Neun- bis Zwölf- und der Zwölf- bis 15jährigen enthält dieses Buch theoretische Hinführung wie auch praktische Beispiele, die die in der langen Tradition gewachsenen und bewahrten Zeichen und Gesten deutend erschließen.

BONIFATIUS /Kontur

Bisher liegen folgende Bände vor:
(Stand: März 1998)

Adolf Adam
Ostern alle Jahre anders?
Zur Geschichte und
Verbesserung des Kalenders

Martin Bormann
Leben gegen Schatten

Jutta Burggraf
Ja zu dir – Ja zu mir
Eine Neuentdeckung der
christliche Ehe und Familie
vor dem Hintergrund der
Frauenfrage

Aloys Butzkamm (Hg.)
**Wer glaubt was? –
Religionsgemeinschaften
im Heiligen Land**

Paul Josef Cordes
**„Actuosa Participatio –
Tätige Teilnahme"**
Pastorale Annäherung an die
Eucharistiefeier
in kleinen Gemeinschaften

Johanna Domek OSB
Liturgisches ABC

Josef Ernst
Lukasevangelium
Stationen am Wege des Heils

Josef Ernst
Theologie im Wandel
Erfahrungen einer
Seniorenakademie

Josef Ernst
**Kirche der Zukunft –
Zukunft der Kirche**

Barry Fischer
Ihr Blut schreit zu uns
Beitrag zu einer Spiritualität
der Befreiung

Steffen Hillebrecht (Hg.)
Kirchliches Marketing

Klaus Hollmann
**Was von Gott noch
zu sagen wäre ...**

Martin Honecker
Hans Waldenfels
Zu Gast beim anderen
Evangelisch-katholischer
Fremdenführer

Walter Kasper
Kirche – wohin gehst du?
Die bleibende Bedeutung
des Vatikanischen Konzils

Armin Kreiner
Gott und das Leid

Walter Lütgehetmann
Paulus für Einsteiger

Hermann Multhaupt
**Indianische Märchen
vom Amazonas**

Paul Nordhues (Hg.)
**Liebe im rauhen Wind
des Lebens**

Matthias Nückel
**Das Abtreibungsurteil
und seine Konsequenzen
für Christen**
Eine Streitschrift

Wolfgang Ockenfels/
Bernd Kettern (Hg.)
Streitfall Kirchensteuer

Friedrich Rintelen
Erinnerungen ohne Tagebuch

Paul Werner Scheele (Hg.)
Halleluja – Amen
Gebete Israels aus
drei Jahrtausenden

Evamaria Schmidt (Hg.)
**„Ist doch gut, daß ich
einen Vater habe!"**
Kinder erzählen von
ihrem Vater

Willibald Troemer
**Angst und Vertrauen –
Christen im Krankenhaus**

Paul Zulehner
Kleine Lebenswelten
Zur Kultur der Beziehungen
zwischen Mann und Frau

In Ihrer Buchhandlung!

BONIFATIUS
Druck · Buch · Verlag